众筹模式下的产品线质量和价格策略研究

刘晓峰　著

The Study of product Line Quality and Pricing Strategy in Crowdfunding

WUHAN UNIVERSITY PRESS
武汉大学出版社

图书在版编目(CIP)数据

众筹模式下的产品线质量和价格策略研究/刘晓峰著．—武汉：武汉大学出版社，2019.11
ISBN 978-7-307-21238-1

Ⅰ.众…　Ⅱ.刘…　Ⅲ.①产品质量—研究　②价格策略—研究　Ⅳ.①F273.2　②F714

中国版本图书馆 CIP 数据核字(2019)第 232124 号

责任编辑：范绪泉　　责任校对：李孟潇　　版式设计：韩闻锦

出版发行：**武汉大学出版社**　(430072　武昌　珞珈山)
(电子邮箱：cbs22@whu.edu.cn　网址：www.wdp.whu.edu.cn)
印刷：北京虎彩文化传播有限公司
开本：720×1000　1/16　　印张：8.5　　字数：153 千字　　插页：1
版次：2019 年 11 月第 1 版　　2019 年 11 月第 1 次印刷
ISBN 978-7-307-21238-1　　定价：28.00 元

前　　言

众筹作为创意型产品的融资解决方案，正日益受到理论界和实务界的关注。目前学术界对众筹的研究主要集中在众筹参与者动机和影响众筹的成功因素上，众筹模式下的产品质量设计以及相应的价格策略尚未引起足够的关注。伴随着越来越多的众筹平台提供 KIA 以及 AON 众筹模式供企业进行选择，为企业带来更多选择的同时也提出了相关实际问题：企业应该如何根据众筹目标和产品特征选择不同的众筹模式？特定众筹模式下企业如何制定相应的价格策略？产品线长度以及产品质量又该怎样设计？

另一方面，国内外学者的研究重心集中在众筹参与者的动机和绩效影响因素等方面，对众筹的信息发布机制则关注较少。众筹的信息发布机制可分为两种类型：顺序发布和同时发布。在顺序发布中，企业实时公布前期消费者的投资决策，后期消费者能够观察前期消费者的投资行为，形成观察学习和信号传递的作用；在同时发布中，企业选择在众筹结束后统一发布投资信息，投资者无法观察其他消费者的投资行为，此时无法形成信号的传递作用，但同时避免了搭便车效应。如何通过合理的信息发布机制影响众筹的成功率？

基于这些实践问题，本书分别在完全信息和不完全信息框架下，综合运用理性预期、激励相容、选择模型等以刻画博弈参与人的行为、收益和策略，在对博弈均衡求解的过程中给出企业不同众筹模式下关于价格策略、产品线设计、产品质量、信息发布等方面的最优策略。主要得到以下结论：

(1) AON 众筹模式下，当企业在每个阶段提供单一产品时，如果消费者异质性很高，动态价格优于单一价格策略；如果消费者异质性很低，单一价格策略优于动态价格策略；当企业在每阶段提供多种产品时，菜单价格策略在一定范围内优于单一价格和动态价格策略。产品质量差异与传统模式下产品质量差异相比，质量差异可以相同，更小，也可能更大，具体依赖于消费者的异质情况以及两种类型消费者出现概率的大小。

(2) KIA 众筹模式下，和 AON 不同的是当产品质量内生时，菜单价格始终优于动态价格策略，并且在消费者异质性较高时优于单一价格策略；和传统生产模式下产品线设计相比，KIA 众筹模式下的产品质量差异更大。

(3)在企业可以自由选择信息发布机制和价格策略时，若企业提供的产品为有希望的产品，在信号准确度有保障的情况下，企业应选择顺序发布机制，实现产品高质量信号的传递，形成社会学习的作用，有效增加后期消费者的投资水平，形成众筹产品的接受群体。若提供的产品为希望较小的产品或信号的准确度较低时，企业应选择同时发布机制，避免消极信号传递的同时，避免了搭便车效应。其他情况下，顺序发布机制和同时发布机制无区别。

(4)以众筹平台 Indiegogo 的具体实践为对象，分析产品回报型众筹的两种典型模式 KIA(Keep-it-All)和 AON(all-or-nothing)下投资者行为的异同，发现目标金额、发起者类型、固定成本对众筹模式的选择有重要的影响。此外，为了提高众筹项目的成功率，“更新次数”“评论数”等指标也是影响不同众筹模式下项目成功的关键因素。

目　　录

第一章　导　　论

1.1　研究背景

在“大众创业、万众创新”的号召下，大量创意项目涌现在人们面前，如3D打印、可穿戴的智能设备等。这些创意项目在改变人们日常生活的同时，也有利于我国企业的技术创新和转型升级。然而，融资难是这些创意项目转化为真正产品并走向市场的关键问题，其原因主要是这些创意项目的无抵押、无担保、无交易等特征很难满足传统银行或者天使基金的相关融资要求，而网络平台下的众筹模式(crowdfunding)作为互联网金融的一种具体形式为此提供了较好的解决方案。

Schwienbacher和Larralde(2010)认为众筹模式是融资方基于互联网沟通项目并设定融资目标金额，利用网络平台面向社会大众筹集资金的一种模式。互联网众筹平台按照出资和获得回报方式的不同可以分为捐赠型、预售型、股权型和债券型等不同形式。随着Kickstarter和Indiegogo这些国外众筹平台的成立，以及美国2011年通过的JOBS法案，众筹模式在国外得到了较快发展。从2009年成立至2014年4月，600多万人在Kickstarter资助超过60000个创新项目，资助总金额达10亿美元。目前，尽管我国创意产业尚处于起步阶段，但是随着信用体系的完善和知识产权保护的加强，广大创意型企业开始青睐这类融资模式，作为投资者和消费者的大众也越来越接受这种新型的投资模式和消费方式，大量众筹平台也应运而生并快速发展。根据艾瑞资讯的统计，通过众筹模式的交易规模在2017年有望突破70亿元。对企业而言，这种预售型众筹的魅力在于一方面满足了消费者优先获得独特产品的心理需求，同时也可以对市场反馈进行测试。如较早的众筹网站“点名时间”曾成功发起“能让你永不丢钱包的智能钱夹”项目，预筹资金1000元，实际融资达101092元。在获取早期生产资金的同时，这种先预定、再生产的模式也极大解决了产品的销售问题。

尽管众筹在世界范围内获得了快速发展，但是并非众筹平台上所有提交的项目都成功获得了融资，例如在 Kickstarter 上成功融资项目仅占所有提交项目的33%，而在 Indiegogo 上仅为 25%左右。因此，对众筹项目成功影响因素的研究一直是学术界关注的重点，研究成果有一个共同趋势和关注点就是对投资人行为的研究。广大学者从社会学、心理学以及信息经济学等角度，对投资人动机和行为进行了比较深刻的研究，为进一步研究投资人的行为奠定了较好的理论基础。然而，对投资人行为的分析尚未纳入到企业的生产运作管理的相关决策之中。特别地，对于产品预售型众筹而言，考虑到投资者的异质性，融资方往往提供多种质量水平和价格水平的产品，以期获取更多的资金支持。然而，现实是即使在产品融资成功的前提下，由于过多的产品种类导致规模不经济和成本的增加，80%以上的项目获取资金后半年甚至一年之内都没法向消费者交货，严重阻碍了消费者的投资意愿，企业也很难获取最大化收益。因此，在企业选择特定的众筹模式(AON 或者 KIA)下，如何合理地设置众筹期限和金额、选择产品线的长度、确定相应的质量和价格等问题值得关注。

众筹作为一种筹资模式对生产运作管理的独特影响主要体现在众筹目标的完成需要作为双重身份存在的潜在投资者和消费者共同努力，否则，在没有目标资金的前提下无法实现生产。因此，这种异质投资者之间的相互依赖性不同于传统产品线中的消费者决策，投资者除根据自身对产品的偏好选择相应的产品外，还需要在考虑项目融资成功概率的前提下根据其他人的投资情况，决定自己的投资决策。比如在众筹模式下，部分对产品偏好很高的消费者如果预期到后续项目投资者较少或者投资金额较低，往往会支付更高的价格(overpaying)以保证项目的成功；反之，如果他预期到项目投资者较多或者投资金额较大，则会采取搭便车行为(free riding)，即使在产品偏好较高的情形也会投资较少[2](Hu , 2015)。这些异质性投资者行为无疑会对产品线的设计(长度的选择、质量的设计)和价格决策产生一定的影响。

信息结构也将影响到消费者对质量的判断和选择。由于大部分众筹产品仅仅通过图片和视频的展出，消费者无法观察到产品的真实质量。因此，不同的信息发布方式将影响消费者的投资行为。Hu(2015)指出顺序发布机制易引起消费者的搭便车心态，即消费者观察前期消费者投资金额较大或预期后阶段消费者投资较高时，预测项目成功率高，即使自身对产品偏好较强，在效用驱动下依旧只愿意投资较少金额，因为搭便车效应，该文献认为同时发布始终优于顺序发布。但其并未将顺序发布具有信号传递作用纳入考虑范围，顺序发布有助于降低信息不对称，一定程度帮助消费者识别项目质量。基于顺序发布和同时发布这两种信息机制优劣势的不同，从企业的角度出发，探讨企业最优的信息机制和定价组合策略。

1.2 研究意义

1.2.1 理论意义

行为科学是当前研究的热点之一，其在运作管理和金融中的具体应用尚处于起步阶段，具有巨大的发展空间。由于产品预售型众筹模式本身的特点以及项目投资者的非专业性等特征，异质性投资人在众筹过程中的行为究竟如何对众筹融资目标的实现以及对产品线的设计和价格策略产生影响尚未得到足够的关注。同时，从信息发布机制的角度探讨如何利用信息策略来提升众筹项目的成功是一个值得高度关注的前沿研究，具有丰富的理论意义。

第一，从研究对象出发，通过对众筹的文献成果进行梳理和总结，可以发现，众筹研究成果丰富，但是大多基于社会心理学、行为学理论探讨众筹参与者的动机以及如何从筹资者、投资者和平台出发提升众筹成功，而对于信息发布机制和定价策略研究较少。信息不对称和搭便车是影响众筹成功的关键因素，信息发布机制的不同对信息不对称和搭便车问题具有一定的作用，因此本书构建博弈模型，研究项目发起者面对不同的信息发布机制和定价策略的最优决策和背后深层次的原因，一定程度上填补了现有研究的不足，丰富了众筹领域的研究内容，具有深刻的理论意义。

第二，从研究角度出发，当前国内外学者对众筹的研究基于严格的完全信息假设条件，现实中众筹所提供的产品多为创新型产品，因众筹模式的特征和投资者的非专业性，众筹情境中信息不对称问题更加严重，而传统文献中完全信息的假设条件与信息不对称的现实不相符，本书基于非完全信息框架研究众筹问题，是对以往众筹研究的进一步完善。

第三，从研究方法出发，众筹模式与传统的预售模式存在明显的不同，众筹是将消费者的效用和群体决策相融合的一种特殊的商业模式，企业在制定价格策略和信息发布机制时，需要将消费者的协同作用纳入考虑之中，目前很少有学者对群体决策中投资人的行为进行研究，而本书结合激励相容和个人理性，利用博弈模型深入刻画消费者行为，为相关研究提供一定的借鉴。

1.2.2 现实意义

第一，帮助企业正确地制定信息发布机制。众筹，作为新兴的投融资方式，解决中小企业融资难、融资贵的问题，激发了市场自主创新能力和活力，不仅改变人们的生活，也有利于我国的技术和经济转型。然而，众筹成功率始终不高，企业若想通过众筹募集目标金额并不容易。本书从企业的角度出发，基于信号理论和观察学习理论，探讨企业如何根据消费者特征和信号特征，制定最优信息发布机制，帮助企业获取更高的利润。为企业对不同信息发布机制的选择提供了依据。

第二，帮助企业正确地制定价格策略。在确定信息发布机制的情况下，采用何种价格策略为最优是企业需要思考的问题。企业需要理解和洞悉不同的价格策略下消费者心理和行为的变化，结合激励相容和个人理性，对消费者进行模拟，从而制定合理的目标筹资金额和最优价格策略。本书的研究过程对企业的定价具有借鉴和参考意义。

第三，促进众筹和互联网金融的健康发展。众筹，依托于互联网，作为一种新兴的投融资方式，是互联网金融领域的典型代表。众筹打破传统融资模式，发展潜能巨大，同时具有一定的营销价值，有助于金融体系的改革和推动我国创新创业的发展。对众筹模式进行研究探讨，提升众筹项目的成功和利润，对促进众筹和互联网金融的健康发展具有深刻的现实意义。本项目在研究投资人行为的基础上，进一步考虑众筹方如何通过信息沟通的内容和方式影响投资人的多参照点，进而最大程度上提高融资成功的概率。一方面从一定程度上弥补了当前研究中缺乏对众筹融资中发布哪些信息以及如何发布这些信息的不足，另一方面也为信息不对称情形下产品预售型众筹的产品线设计和价格策略奠定基础。最后，本项目在对投资人行为分析以及信息沟通机制设计的基础上，研究众筹模式中的投资人行为对产品线设计的影响，进一步拓展和丰富了现有产品线设计的相关理论和内容。

1.3 研究内容

本书拟构建基于投资人策略选择行为的企业产品线决策模型。具体而言，拟以创意型产品为研究对象，从投资人多产品线的投资行为入手，探索企业在不同的众筹模式(AON VS. KIA)和不同信息发布机制下的最优价格和质量决策，继而在期望效用函数的基础上构建消费者面对企业不同的价格策略、产品线长度时的需求函数；然后应用最优化理论、激励相容等方法，研究众筹方如何设置最优的产品长度、质量水平和相应的价格水平。最后具体比较在不同众筹模式下厂商利润函数的不同，并最终确定产品线长度和产品质量，为众筹模式下的产品线设计提供启示。

本书共八章。第一章，主要介绍本书的选题背景、研究意义、研究内容与研究方法。第二章，主要梳理国内外众筹研究现状，从众筹概念界定及起源，到众筹模式及分类，最后到众筹领域关于参与者动机与行为研究、众筹成功因素研究、众筹机制设计，以及众筹中的信息发布等。第三章，主要研究 AON 众筹模式下企业的价格策略选择以及产品线设计，首先在质量外生的特殊情况下研究了众筹模式下消费者之间的协同作用，再进一步研究质量内生时这种协同作用是否仍存在以及企业的价格策略选择和产品线设计。第四章，主要研究 KIA 众筹模式下企业的价格策略选择以及产品线设计，并且指出在 KIA 模式下企业应如何选择价格策略以及产品线设计，并讨论了企业给予消费者质量承诺对利润的影响。第五章，基于不完全信息框架，研究企业在顺序发布机制时的价格决策，探讨信息的传递如何帮助众筹成功以及企业是否应该公开前期消费者的投资行为，了解其背后深层次的原因。第六章研究企业在同时发布机制时的价格决策，并通过与顺序发布机制下的比较，得出最优的信息发布机制。第七章，主要通过 Indeigogo 网站数据进行实证分析，分析产品回报型众筹的两种典型模式 KIA(Keep-it-All)和 AON(All-or-Nothing)下消费者投资行为和动机的异同，具体研究目标金额、发起者类型、固定成本对众筹模式的选择以及对众筹成功率的影响。最后为总结与展望，介绍了本书的主要结论，然后指出了未来的研究方向以及本书的不足。本书技术路线如图 1.1 所示：

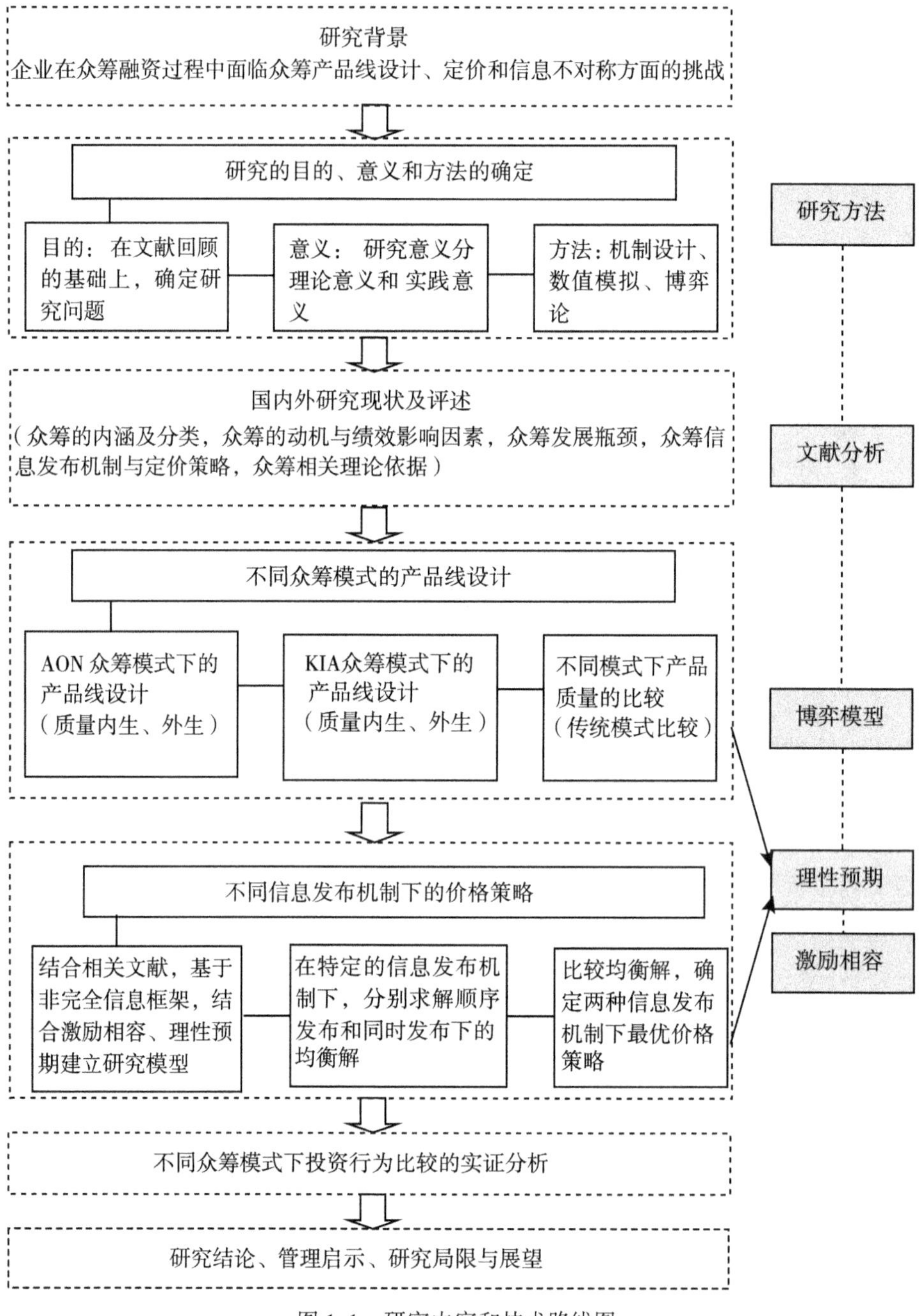

图 1.1　研究内容和技术路线图

1.4 研究方法

1.4.1 文献回顾法

本书通过对数据库检索，搜寻与众筹相关的文献并进行归纳总结，分别从众筹的内涵及分类、众筹的动机与绩效影响因素、众筹发展瓶颈、众筹信息发布机制与定价策略、众筹相关理论依据五个板块进行整理。其中在信息发布机制方面，因众筹领域研究较少，为能够全面理解信息发布机制的相关理论，为本书模型的构建提供良好的框架，笔者对与众筹相关的、非众筹情境下的信息发布机制文献进行梳理。最后基于以上文献梳理，提出对前人研究的综合点评并对自己的研究主题进行实践。

1.4.2 博弈理论

博弈理论是研究在特定约束条件下，多个决策者或团队在行为相互影响下选取最合理的方案实现均衡。概念界定包含参与者、行为策略、得失、博弈顺序、策略均衡五个部分。

(1)参与者(players)：通常为两方博弈，本书博弈主体为众筹筹资者与投资者。

(2)行动策略(strategies)：博弈过程中筹资者与投资者的行为相互作用、相互影响，双方都具有不同的切实可行的行动方案，并基于对方行为的预期而选取对自身最有利的方案。

(3)得失(payoffs)：博弈的结果即为得失，每个参与者的得失不仅取决于自身决策，同时与其他参与者的行为息息相关，因众筹的筹资者通常为企业，投资者通为消费者，因此筹资者的得失用企业利润函数表示，投资者的得失用消费者的效用函数表示。

(4)博弈顺序(orders)：博弈双方的行为有先后顺序，筹资者与投资者按照博弈的顺序规定依次选择行动策略。

(5)策略均衡：博弈最终结果的均衡解，筹资者与投资者都选取最有利或最合理的行动方案。

1.4.3 数值模拟

数值模拟是指以计算机为重要工具，通过有限元分析，对最终的结果以图像或数值的方式进行展现，来达到对自然界以及经济领域各类问题的研究探索，又可称为计算机模拟。分为三个步骤：第一，建立能够反映求解问题本质的准确完善的数学模型，确定变量之间的方程和相关条件，这是数值模拟的出发点；第二，根据现有的数值计算方法，选取能够兼容效率和准确度的方法解决问题，并依据计算机工具进行编制程序和计算。第三，求解问题的最终结果以数值或图形显示和模拟。为比较不同信息发布机制和不同价格策略下企业利润的大小，同时为能够高度准确地计算，本书使用 Matlab 数学工具建立三维模型以图像的方式展示最优方案。

1.5 创新之处

在对现有文献进行归纳梳理的基础上，发现目前学术界对众筹的研究主要集中在众筹参与者动机和影响众筹的成功因素上，众筹模式下的产品质量设计以及相应的价格策略尚未引起足够的关注。因此，基于博弈论理论，通过激励相容以及个人理性对消费者的行为进行刻画，主要研究不同众筹模式和不同信息发布机制下企业产品质量设计以及相应的价格策略，以弥补国内外现有研究的不足。具体创新表现如下：

(1)企业如何选择 AON 和 KIA 这两种不同模式。采用博弈理论，通过激励相容以及个人理性来对消费者行为进行刻画，通过对不同众筹模式、不同价格策略下企业的利润进行比较，为采取众筹模式的融资方制定合理的众筹机制以及产品线设计和价格决策提供理论指导和管理启示，具有较强的应用前景。

(2)当前对众筹过程中研究大多基于严格的完全信息假设，条件与实际并不符合，本书从非完全信息框架出发，研究消费者和项目发起者不确定产品价值的情况下，如何通过贝叶斯学习推断产品质量，是对以往研究的进一步完善。

(3)通过 Indiegogo 网站 2016—2018 年的数据样本，建立面板数据模型，通过两种不同产品众筹模式 AON 和 KIA 的对比分析，研究前期累积资金在不同时期对后续投资人的非线性影响，并讨论了众筹金额、截止日期的调节效应，为产品选择不同的众筹模式提供建议和启示。

第二章 国内外研究综述

2.1 众筹内涵及分类的相关研究

2.1.1 众筹的内涵

初创企业是指处于成立初期，缺乏足够的人才、资金等各种资源的中小企业。因资源匮乏的通病，获取有效的资源对初创企业而言，显得尤为重要(Aldrich & Ruef, 2006)。涉及资源的多样性，Bhide(1999) 指出初创期企业所急需的最重要的资源之一为金融资本。目前，很多学者对初创企业的金融资本来源做出了大量的研究和验证，如风险投资(Gompers & Lerner, 2001)，以及更多的非正式渠道(Baker, Miner, & Eesley, 2003)。在学术领域方面，传统资本形式的研究在过去的十年中得到了长足发展。然而，近年来随着科学技术的进步以及互联网时代的崛起，推动了现代资本向前的进程，创新型的融资方式开始诞生，融资领域进入全新的局面，各种形式的众筹成为了代表。众筹作为一种直接从社会大众而非传统的资本提供者寻求资金的一种方式，为各种不同类型的活动和项目的开展提供了切实有效的资金来源(Howe, 2008; Schwienbacher & Larralde, 2010)。许多中小企业家认为众筹是未来的发展趋势，因为众筹的出现对初创企业而言意义非凡，众筹作为对资源传统渠道的创新，拓展了资源的获取途径，改变了创业融资的前景。

“众筹”一词最早由美国学者 Michael 于 2006 年 8 月提出。许多学者指出众筹与众包存在着一定的关联性，认为众筹起源于众包的广义概念范畴(Belleflamme et al., 2010; Mollick, 2013)。对于众包的概念，有学者指出众包是从群体的角度出发，利用社会公众，获取创新的想法、反馈和解决方案，实现公司活动的有效开展(Howe, 2008)。Kleemann(2008)认为众包是以利润为导向的企业通过互联网平台以公开选拔的方式，将企业在生产或销售产品的必要环节中的特定任务外包给不确定的社会个体，利用个体的贡献来减少企业的资源花费。Schwienbacher(2010) 指出众筹属于众包中的一种特殊情况，并对其范围进行了界定，认为众筹需要社会群体投入的不是想法和方案，而是投入资本。因此，众筹的目标是利用社交网络，为资金的需求者筹集资金，企业或筹资人不再是从数量较少的经验丰富的专业投资者进行融资，而是从广大的社会公众获取资金，每一位参与的个体仅需提供少量的资金，这种投资方式可以采取股权购买、贷款、捐赠、产品预购等形式（Agrawal et al.，2015；Ahlers et al.，2012；Kuppuswamy and Bayus，2013；Mollick，2013）。目前学术界比较认可的众筹定义为：企业或个人通过社交网络，主要是互联网平台，向独立的社会群体公开募集资金，每一位个体以捐赠、未来产品的交换或某种回报奖励的形式参与，对具有特定目的的计划或项目提供资金支持(Belleflamme，Lambert，& Schwienbacher，2010)。综上所述，笔者认为众筹是指项目的发起者为筹集项目启动资金，利用互联网平台，直接面向社会公众而非传统融资渠道(如天使投资、银行等)进行资金募集，投资者选择合适的项目给予资金支持。

Ciuchta(2016) 将众筹和传统的创业融资(如天使投资、风险投资)进行比较，指出众筹存在三个显著不同的关键特征。第一，众筹的目标对象为社会公众，其参与者通常不是专业的全职投资人(Schwienbacher & Larralde，2010)。因此形成了由不成熟的投资者主导众筹的现象，投资人投资经验的缺乏是反对股权众筹的重要原因之一。第二，基于上述现象，会出现更复杂的问题，如在众筹情境中，初创企业和投资者之间的信息流动更加受限制，而专业投资情境中信息流动会相对更为流畅。在众筹情境中，对于项目发起者未公开的信息，投资者通常难以发现，而在专业投资情境中，全职投资人会对未披露的信息进行尽职调查。第三，众筹和传统融资不同的一点是众筹平台上社会信息的存在性、流行性和重要性。众筹平台通常会实时展示已筹集到的资金额，以及投资者或其他潜在投资者对众筹项目的有利和不利的评论，这些实时、公开的信息线索在传统融资情境中并不常见，且这些社会信息可能会形成羊群效应，因为在众筹的情境中，投资者往往会关注他人的投资行为，以指导自己做出明智的投资决策(Herzenstein，Sonenshein & Dholakia，2011；Zhang & Liu，2012)。

2.1.2　众筹模式的分类

众筹这种新颖的融资方式自诞生以来，与社会紧密结合，与时俱进，逐步衍生出不同的商业模式。Belleflamme(2011) 依据投资者参与众筹获得回报的形式不同，将众筹分为两大类型：财务回报类众筹和非财务回报类众筹。对于财务回报类众筹，项目的支持者作为投资人的身份参与众筹，并在项目成功发起后获得金钱方面的收益。对于非财务回报类众筹，项目的参与者提供资金支持是因为能够获得某项产品或者因为某种原因而去支持，但明确的是不能期望获得金钱补偿。进一步细分，可将众筹划分为四种不同的主流模式：回报众筹、捐赠众筹、股权众筹、债权众筹(Mollick，2014)。其中，股权众筹和债券众筹属于财务回报类众筹，回报众筹和捐赠众筹属于非财务回报类众筹。在众筹发展初期，绝大多数的项目属于捐赠众筹模式，其次为回报众筹和债权众筹。然而随着时间的不断发展，回报众筹异军崛起，以产品为回报的众筹平台数量强势增长，目前，回报众筹相比较于其他三种众筹，平台数量和平台活跃度更高，平台所提供的商品种类也更为完备。

1. 回报众筹

回报众筹又可称为奖励众筹、产品众筹或预订众筹，创意项目的发起人缺乏启动资金，投资人通过对项目给予资金支持的同时，作为回报，投资人可以在约定时间无偿获取项目所开发的产品或服务。在回报众筹中，项目的支持者拥有双重身份，不仅作为投资人，同时也承担消费者的角色。每一位支持者仅需提供小额的资金支持，即可参与众筹，且投资人因为对项目承诺的产品或服务感兴趣，以获得项目所提供的奖励为主要动机来参与众筹，而不是为了获得财务方面的回报(Gerber et al.，2012)。从筹资人的角度出发，众筹平台允许项目发起人吸引一批本质上属于预先购买该产品的投资人，降低了筹资人的风险，但对投资人而言，唯一的风险在于最后接收的产品或服务是否符合自己口味或要求。

回报众筹因为最能代表众筹的本质，且相较于其他模式的众筹，在市场上最为活跃和广泛，因此，本书的研究以产品回报型众筹为基础。

2. 捐赠众筹

Mollick(2013) 指出捐赠众筹是投资人选择合适的项目给予募捐，且无法获得任何回报，此类众筹项目通常为公益活动募集资金。捐赠众筹以支持人道主义精神或某些艺术类项目而兴起，这里面投资者可以视为慈善家。同回报众筹较为相似，捐赠众筹的成功取决于投资人的兴趣与项目活动特性的匹配程度，匹配程度越高，众筹成功的可能性越高。与传统的公益组织或慈善机构非常相似，捐赠众筹依赖于投资人的自发募捐，筹资人并不会给予投资人任何的实物回报或金钱回报。

3. 股权众筹

在股权众筹模式中，众筹的支持者作为名副其实的投资人，能够获得项目中企业的股权，以享有未来收益。作为投资人，需要对投资风险进行理智评估；作为筹资人，同时需要思考项目是否能迎合多数潜在客户的口味以及能否与这些潜在客户取得联系(Belleflamme，2015)。在股权众筹模式中，项目发起人通常会设定具体的目标筹资金额，在约定的时间内，若项目的实际筹资金额未达到目标，则项目不会启动。这种“零或全部”(all or nothing)的机制被视为一种保护投资者的方法，并且也是对众筹项目制定切合实际的筹资目标的鼓励，以确保项目能够获取资金实现自身的特定目的。2012 年，美国正式颁布《创业企业融资法案》(JOBS 法案)，股权众筹开始具有法律效应(Ciuchta，2016)。

4. 债权众筹

Belleflamme(2015) 指出在债权众筹模式中，投资人扮演借款人的角色，如果项目成功开启，则筹资人有义务对投资人偿还本金和一定的利息。但是与传统金融中介(如银行)不同的是，众筹平台并不会对项目进行筛选，而是让投资人自主决策对特定的项目给予支持。有些众筹平台为了保障投资人的利益，也会根据筹资人的特点以及以往的众筹表现制定信用等级，因此众筹平台可以视为借款人的信用评级机构。目前，我国活跃的 P2P 平台为债权众筹的典型。

不同的众筹平台有不同的融资运作模式，根据项目没有达到预期筹集目标时能否获得已筹资金可以将众筹分为 AON(all or nothing)模式和 KIA(keep it all)模式。AON 模式是指如果项目在规定时间内没有达到筹资目标，项目发起者将什么也得不到，所筹得的资金也将全部返还给支持者，因此这种模式也被称为“固定模式”(fixed project)。KIA 模式是指即使项目在规定时间内没有达到筹资目标，项目发起者也可以获得已筹资金，但项目是否启动是否返还给消费者承诺的产品则由项目发起者自行决定，这种模式也被称为“弹性模式”(flexible project)。美国著名的众筹平台 Indiegogo 就提供了这两种众筹模式供项目发起者进行选择，但是项目发起者如果选择 KIA 模式需向平台缴纳 9%的手续费，而选择 AON 模式则只需缴纳 4%的手续费，平台以此来鼓励项目发起者吸引更多的捐款人。另一著名的众筹平台是 Kickstarter，与 Indiegogo 不同，Kickstarter 只提供 AON 模式，项目如果在规定时间内没有达到筹资目标，所筹得的资金将全部返还给支持者。Cumming(2014)通过对 Indiegogo 平台的数据进行分析发现 AON 模式比 KIA 模式更容易成功筹得目标资金并且他们的目标资金都较高，并且对于可降阶的项目采用 KIA 模式更有利，这是因为其风险性更小。在国内，黄健青(2015)通过对“追梦网”数据的分析发现，在国内众筹发展的大环境下，项目发起者应及时更新和补充项目信息，投资门槛也不宜设置较低，并且相比于 AON 模式，KIA 模式更适合于目标金额较低、可扩展性较强的项目。

2.2 众筹的动机与绩效影响因素研究

2.2.1 众筹参与者的动机

众筹自出现以来，便引起国内外学者的广泛关注，为能够全面剖析影响众筹成功的因素，不少学者对众筹的三大参与主体(平台、筹资者和投资者)进行了多角度的研究，其中，参与主体的动机尤其是投资者的动机吸引了众多学者的兴趣，相关研究较为丰富齐全。

Gerbe(2014) 通过对众筹平台的筹资者和投资者进行一对一的半结构式访谈，收集了 83 份研究数据，结合扎根理论和社会认知理论，分别总结出筹资者和投资者参与众筹的动机。其中，筹资者的动机包含：获取资金、保持控制、与他人建立联系、学习他人的成功经验以及运用社交媒体扩大产品的知名度。投资者的动机包含：获取产品或金钱方面的回报、帮助他人、融入社区、因特定的原因支持事业。焦微玲(2014) 对国外学者关于众筹的驱动力机制的研究进行总结，指出筹资人的内在驱动力有：获取种子基金、市场推广、资源整合、与顾客共创价值。Mollick(2014)基于众筹模式的不同，对众筹平台的动机进行了研究，明确提出回报众筹、股权众筹和债权众筹平台的开展主要目的是获取利润，平台会对成功发起的项目收取手续费，但捐赠众筹不以营利为目的，更多是对公益的支持。Cholakova(2015)进一步将项目支持者的动机划分为内在动机和外在动机，获取产品或金钱方面的回报属于外在动机，帮助他人、融入社区、因特定的原因支持事业属于外在动机。对于内在动机和外在动机对消费者投资决策的影响，Cholakova(2015)验证出外在动机是投资者参与众筹的主要驱动力，内在动机对消费者的作用不够显著。Gleasure(2015)指出现实生活中存在部分企业或组织拒绝参与众筹，运用印象管理理论分析发现根源在于众筹项目失败的风险性以及众筹平台对项目信息的强制披露。

Ordanini(2011) 基于消费者视角，运用扎根理论研究方法对三个不同的众筹网站进行研究，分析投资者参与众筹的动机和角色以及筹资者采用众筹方式募集资金的原理。这三个众筹网站分别为：SellaBand(音乐)、Trampoline(金融)和 Kapipal(公益)，根据平台上发布项目的特点，作者将其划分为产品购买、风险投资和慈善捐赠三种模式，在不同的众筹模式中，项目支持者扮演的角色截然不同。对于 SellaBand 众筹网站，消费者参与动机在于对筹资人事业的支持、赞助和鼓励；对于 Trampoline 众筹网站，消费者参与动机在于获取金钱方面的回报以及对众筹这种新颖的投资方式的兴趣性；对于 Kapipal 众筹网站，消费者参与动机在于对人道主义的支持和参与精神。作者最后总结出众筹的参与者三个基本特征：创新驱动、参与精神和获取奖励。

Allison(2015) 选取债权网站进行案例分析，发现对于债权类项目，当筹资人将项目发起的目的定义为帮助他人，相比较于定义为不错的投资机会，消费者对前者的投资意愿更强，这是因为帮助他人的目的能够激发众筹投资者助人为乐的精神，促使投资人积极反应。

国内外学者从不同的角度出发，阐述了众筹平台、筹资者尤其是投资者参与众筹融资的行为动因，对于以后的学者理解众筹机制的运作机制具有一定的理论意义。首先，项目发起人和投资者参与众筹的动机是不同的，众筹平台模式的不同、项目类型的不同以及消费主体的不同，导致筹资者和投资者扮演的角色不尽相同，影响筹资者和投资者的参与动机。第二，多种驱动力的交叉存在，筹资者和投资者并不是受单一动机影响，而同时受多种因素作用，只是可能某种动机作为主要因素影响参与主体的积极性。

2.2.2 众筹绩效影响因素

众筹近年来发展迅速，模式不断得到完善创新，但是源于众筹运行机制的特性，如消费者的群体决策、信息不对称，导致柠檬市场问题始终存在。目前，众筹平台上项目募集资金的成功率整体相对较低，为能提升众筹融资的成功率，扩大众筹模式的运用，诸多学者全方位剖析了与众筹项目绩效相关的多种因素。笔者从静态和动态两种视角对以往的研究进行总结。

1. 静态影响因素

部分学者从众筹的三大主体(平台、筹资者和投资者)出发，基于众筹表征现象，寻找影响项目成功的静态因素，并深入研究探索这些因素的作用机制和内在规律。通过对以往研究的梳理，笔者将静态影响因素分为内部因素和外部因素两大类，内部因素关注于项目和主体的自身，包含项目特征和社会网络。外部因素更多涉及环境因素，如文化距离、地理环境等。

(1)内部因素

项目特征。众筹能否到期成功募集资金与发起的项目有很大的关联性。目前有学者指出利用项目特征变量，尤其是项目质量能够准确预测出项目成功的可能性。一般而言，众筹发起的项目质量越高，众筹相应成功的概率越大。因此，消费者对众筹项目的选择和考量，主要从风险投资人的角度出发，评估推测产品质量，预测项目成功的概率。Mollick(2013)通过 Kickstarter 众筹平台收集 48500 个项目数据，结合计量经济分析方法，从项目质量、融资规模、融资期限、项目类型四个方面研究其与众筹的内在联系，得出显著的相关性。从项目质量出发，作者选取项目的准备程度、持续性更新程度、展现方式的多样化(文字、图片、视频)以及项目描述的准确度作为质量信号的识别因素，发现质量信号在项目成功中扮演着至关重要的角色。从融资规模出发，融资规模小的项目相较于融资规模大的项目成功的可能性更高。从融资期限出发，融资期限短的项目更易获得成功，原因在于期限设置较长会向投资者传达消极信号，被视为项目发起者对项目的不自信。从项目类型来看，实体产品相比其他回报类型成功的概率更高。Lambert(2010) 将四种众筹模式的成功率进行对比，发现回报众筹和捐赠众筹的成功率远高于债权众筹和股权众筹，其中捐赠众筹因具有公益精神而成功率最高。Pitschner(2014) 利用二手数据分析的方法，通过对 50000 个项目数据分析处理，发现捐赠众筹实际融资金额更易达到目标水平。Xu(2016) 利用定性分析和交叉分析，指出众筹作为中小企业和个体企业家线上筹集创新项目资金的新型融资渠道，前期因素包括交付时效性、产品质量、项目标新立异、投资人参与、企业家活动，足以对项目的成功率进行预测。刘志迎(2015) 结合期望效用理论和成本收益理论，验证出项目质量和报酬率与众筹成功呈正相关。黄健青(2015)以顾客让渡价值理论为基础，通过选取追梦网众筹平台作为案例对象，基于对 594 个众筹项目的研究，探讨产品价值(产品类型、回报、融资额度)、人员价值(团队规模、经营经验和能力)、服务价值(客户认知)、形象价值(品牌价值)、货币成本(目标筹资额)这五个因素与众筹项目成功可能的关系。

社会网络。已有学者证明项目发起人的社会网络资本在众筹成功融资的过程中扮演着至关重要的角色(Mollick, 2013; Zheng, 2014)。Ahlers(2013) 发现筹资者的外部评价、专利技术和学历水平这三个维度影响投资者对众筹项目的认知，对项目的成功有关键性作用。Mollick(2013)的研究表明社会网络是筹资者获取项目前期初始资金的重要来源，作为连接众筹项目投资人和筹资人的关键渠道，社会网络资本对众筹项目的成功有显著影响，社会网络愈强，众筹成功率愈大，二者呈正相关。Zheng(2014) 为探究社交网络与众筹成功的关联性，基于社会资本理论建立多维度社会网络资本模型，并比较不同的社会环境下(中国和美国)两者关系的差异性。笔者将社会网络资本分为三个维度：企业家的社会网络关系、资助其他企业家的义务关系、企业家与投资者对项目的信息交互，结果证明这三个维度对众筹的成功有显著的正向作用，同时中国相较于美国，社交网络的作用更强。Hobbs(2016)收集美国著名的众筹网站Kickstarter上的100个项目数据建立回归模型，探究影响创意型项目融资成功关键性因素，研究表明项目发起人的财务资本和社交资本是影响众筹成功的重要变量。

(2)外部因素

不同于关注项目的三大主体，部分学者基于外部因素的视角，从外部环境层面挖掘影响众筹成功的相关变量，已有学者验证出文化距离、地理距离等因素。

Agrawal(2015)通过对Sellband平台上的众筹项目进行数据分析并构建研究模型，探讨地理距离对项目筹资的影响。笔者依据项目发起人和支持者之间的距离的远近，将投资者分为"本土"和"外地"投资者，研究表明这两种不同的投资者对项目的支持行为存在差异性，本土的投资者倾向于在项目的前期进行资金的投入，且受筹资人已经募集到的累积资金信息影响较小，笔者将这种距离效应归因于筹资者的社交网络影响，即朋友或家人等线下社会关系。将众筹者的设计网络作为控制变量，发现地理距离对消费者行为的影响不再显著。笔者证实了依据互联网的众筹平台的出现能够消除因距离所导致的项目监控、信息获取方面的成本。Mollick(2014)指出筹资者与投资者之间的接近程度与众筹成功的可能性密切相关，并进一步比较出在不同的地理范围内众筹成功的差异性。Zheng(2014)基于社会资本理论，将文化因素作为调节变量，探究众筹项目文化的差异性(美国和中国)与众筹成功的关系，结果证明在中国的环境下，社交网络对众筹绩效的作用更强。黄玲(2014)选取我国知名的众筹网站"点名时间"为研究对象，探讨创意型众筹的背景下，众筹平台的制度设计与融资绩效之间的关系，笔者通过对投资者、筹资者和平台这三大主体的行为进行模拟，指出众筹三方虽然目标呈现异质性，但运用良好的运行机制可形成良性互动和自反馈效应，促使众筹绩效的提升。

郑海超(2015)从股权众筹模式出发，基于信号理论和风险投资理论，运用模型证明项目的不确定性(项目动态更新)和投资风险(项目估值)负向影响创业融资绩效，人力资本(员工和股东人数)正向影响创业融资绩效。Horisch(2015)细分行业验证环保行业的众筹绩效与非环保行业的区别，实证结果显示环境导向对众筹的成功无显著作用。Ahlers(2012)为探讨项目质量风险与众筹融资绩效之间的关系，从人力资本、社会资本和智力资本三个维度验证股权众筹情境下信号的有效性对投资者的影响。笔者通过数据分析表明，保留股本和提供与风险有关的更详细的信息可以被解释为有效的信号，因此能极大地提高融资成功的可能性，相比之下，社会资本和智力资本对融资成功的影响微乎其微。

2. 动态影响因素

众筹作为一个连续性的动态过程，对众筹的阶段性和过程性研究成为学术界的趋势，目前已经有很多学者在影响众筹绩效的动态影响因素方面提出了有意义的结论。

在众筹情境中，项目的潜在支持者会受前期投资者行为的影响。Agrawal(2011)将实际筹资金额已达80%融资目标的项目和实际筹资金额仅达20%融资目标的项目进行对比，发现潜在投资人对达到80%融资目标项目的投资意愿远远高于达到20%融资目标项目的投资意愿，原因在于较高的实际筹资金额向潜在投资者传递项目属于高质量的利好消息，从而引发羊群效应。Burtch(2013)基于社会认知理论，探讨前期消费者的投资行为对后期潜在投资者的影响，指出众筹项目融资过程中，具有责任扩散效应，即前期投资对后期的投资存在负向的作用，研究结果显示，众筹过程中前期投资每增加1%，则后期贡献会相应减少0.31%。Chris(2011)通过收集2006年至2010年的众筹平台数据并建立模型分析，证实在有效的个人信息和昂贵的市场信息条件下，同群效应对消费者参与众筹的影响力，说明消费者的投资决策行为很大程度取决于以往经验、社区行为和观察他人。Julie(2012)则是从社会互动的角度探讨投资人的群体性行为，研究发现众筹的参与者通常具有共同或相似的兴趣，众筹这种融资形式将不同的投资者结合为一个社区或团体，能够增强消费者的心理满足和社会互动，进一步促进融资的成功。Xu(2016)基于信息不对称视角，证实在众筹发展过程中，通过对项目情况的实时更新展示更能有助于众筹的成功，因此众筹发起人和投资者之间的沟通与项目的成功显著相关。

Davidson(2016)对流行的众筹平台Kickstar上项目数据进行分析，指出众筹在某些领域，尤其是文化生产方面，可能会取代传统的长期投资，成为一种重复使用的融资方式，通过对隐含原因的探索，作者发现：第一，即使是不同的众筹类型，若第一个项目发起人出资比率越高，则发起人开启第二个项目的可能性会相应降低；若第一个项目投资人越多，则发起第二个项目的可能性越大；若第一项目的实际募集金额超过目标金额越多，则第二个项目开启的可能性越大。第二，相较于大额投资者，投入小额资金的消费者比例越大，则越有利于众筹的成功。第三，除去朋友和家人，项目发起者有必要扩大社交网络，这对众筹的持续工作至关重要。第四，实际筹集资金超出设定的目标越多，则向项目发起人传递粉丝群体存在的信号，越有利于众筹的再次使用。

2.3 众筹模式下的信息不对称

2.3.1 信息不对称理论和行为效应

1. 信息不对称理论

与传统融资市场相似，信息不对称增大了投资者对项目风险评估的不确定性，消费者无法对项目的真实质量以及可能的机会主义进行准确预测，从而导致柠檬市场的问题在众筹情境中依然严峻。

Ciuchta(2016)指出与传统的创业融资相比，众筹的参与者多为不成熟的社会公众而非专业的全职投资人，因而不会对项目发起者未披露信息进行尽职调查，项目参与者投资经验的匮乏致使信息流动在众筹环境中更加受限制，信息不对称的问题更加严重。从经济学的角度出发，信息不对称理论(Asymmetric Information)是指市场交易双方对产品信息的获知程度不尽相同，通常而言，企业总是比消费者掌握着更多的产品信息。目前信息不对称引发的风险分为逆向选择和道德风险两种类型(彭红枫，2017)。对于逆向选择，具体表现为项目发起者提供产品质量的不确定性和市场公布信息的真实性，众筹平台的项目质量良莠不齐，部分筹资者将自己的项目包装成高质量以次充好，导致高质量的项目被低质量的项目排挤出市场，这种行为不仅对消费者的利益造成损害，同时对众筹平台以及众筹行业的信誉度产生消极影响。对于道德风险，具体表现为筹资者的信用保障，如融资方在资金筹集完成后是否会如实履行诺言向投资人提供产品或财务类回报，存在可能的违约风险。

2. 信息不对称行为效应

于投资者而言，信息不对称导致消费者无法有效识别项目质量的高低，极易形成羊群效应(The effect of sheep flock)，即其他消费者的投资决策会对自身产生巨大的影响，此时消费者会选择忽略自身的信号或经验想法，选择模仿甚至盲目跟随他人。Zhang(2012)将投资者分为机构投资者和个人投资者两种类型，在对两者的特征比较研究中指出，在信息环境不明确的条件下，个人投资者相对更容易产生羊群行为。众筹模式中存在明显的羊群效应，有学者研究债权型众筹发现已筹资金越高的项目吸引消费者投资的意愿越大(Herzenstein et al.，2011；Zhang & Liu，2012)。Lee(2012)基于众筹网站的数据验证出羊群效应，通过实证分析发现羊群行为与项目的表现呈正相关，由此认定羊群效应是理性的。Zhang(2015)为比较陌生人网络和朋友网络中观察学习作用的区别以及研究社交网络如何利用信息的传递对消费者的认知和行为产生作用，利用博弈模型和贝叶斯学习展示决策者在其他消费者的影响下放弃自身的私人信号选择跟随前者的行为演示，并指出在关系网络中，随着网络人数的增加，羊群行为出现的可能性越大。Lyer(2013)对股权型众筹网站分析发现启动阶段项目筹集的资金可预测项目成功的概率，启动阶段筹集的资金每增加1%，项目成功的概率增加12%，若启动阶段项目筹集资金达30%，则项目成功的概率达90%。部分学者在对众筹的机制设立和影响探讨中，提出众筹情境中投资者无法确定项目质量，投资者会通过社会学习推断产品质量，包括口碑、信号接收、观察学习、信誉机制等方面(Li, 2014; Zhang & Liu, 2016)。

2.3.2 信息不对称解决途径

在缓解或解决信息不对称问题方面，同样有学者做出了研究。完善的信息搜寻渠道和企业信息披露成为有效的解决途径。Kaplan(1997)指出在市场交易中，投资者处于信息的劣势地位，为降低信息不对称，投资者需要支付成本获取未披露的市场信息，这种成本大小与信息不对称程度成正比。Merton(1987)进一步发现，企业通过自主披露高质量信息的方式，能够促进广大消费者的购买，信息披露有助于削弱信息不对称。顾群(2013)以上市企业融资为研究对象，通过对2007—2011年的数据收集分析构建实证模型，验证出企业可采用加强与消费者之间的互动或沟通的方法，选择性披露项目信息，降低消费者对项目风险的质疑，这与Merton的研究结果保持一致。刘芸(2013)对中国小微企业融资难的现状进行探索，明确指出信息不对称是小微企业融资瓶颈的根本原因，未来互联网金融的发展可成为该问题的有效解决方式。Mollick(2013)在对众筹成功的影响因素研究中，验证出项目发起人应该充分利用众筹平台，实时更新项目信息，并与投资者积极互动交流，削弱双方的信息不对称，提升消费者的投资决策。

企业声誉、信任机制、社交网络同样成为学者关注的焦点。Li(2014)指出众筹模式中，投资者虽然不能获取完整的筹款项目的信用历史，但是可以借助基于信用评分的非标准化“软信息”对项目的违约率进行预测，包含项目的回报、筹款原因甚至项目发起人的照片，互补的信息来源对降低信息不对称有重要的意义。信任机制的建立同样对众筹中的不对称信息或隐藏行为有关键作用。Chen(2014)检验中国的借款人对P2P网络借贷的信任问题，在对785位借款人的数据实证分析后，发现投资者对借款人信任在投资意愿中扮演着重要的角色。Duartc(2012)通过收集众筹网站的交易数据，指出看起来信用表现较高的筹资者取得贷款的可能性更高，支付的利率相对信用表现较低的筹资者更低，拥有更好的信用等级和较低的违约概率。筹资者在项目发起的过程中，应建立较高的信用等级，保证投资者对项目的信任和肯定。Belleflamme(2011)认为企业声誉有助于解决道德风险问题，融资方以往的筹资经历(或某些持续的盈利能力)足以展示项目的前期准备工作，依据社交网络的海量信息，建立声誉评价系统，对项目的表现进行预估。Tomboc(2013) 探究众筹模式中的柠檬市场问题，指出筹资者即使希望披露尽可能多的项目信息，但是提前透露太具体、太详细的信息却是不明智的，因为众筹平台的公开性会导致项目可能被模仿，这加剧了融资双方的信息不对称问题，为缓解这一问题，筹资者可以借助社交网络、外部形象和选择性的信息披露帮助投资者识别高质量的项目。

2.4　众筹信息发布和消费者观察学习

2.4.1　信息发布机制

目前，众筹中关于信息发布机制的研究较少，多数学者的研究集中于企业应尽可能向消费者传递高质量的信息以缓解信息不对称问题，但对于信息的传递如何帮助众筹成功以及企业是否应该公开前期消费者的投资行为的研究相对不足。为了优化模型，笔者同时参考了与众筹相关的传统模式下新产品信息发布机制的研究。

众筹中的信息发布机制研究还未引起国内外学者的充分关注，可参考的文献较少。为能够全面理解信息发布机制的相关理论，同时也为本书模型的构建提供良好的框架，笔者对与众筹相关的、非众筹情境下的信息发布机制文献进行梳理。

Vesterlund(2003) 对慈善事业中公共物品私人捐款的问题进行了研究，作者指出筹资者有公布前期捐款和不公布两种策略，现实中的筹资者往往采用公布策略，但经济理论中认为不公布策略更优，为解释这种矛盾性以及检验为什么以及何时筹资者具有动机选择公布策略，作者建立博弈模型验证，结果显示在消费者不知道慈善的真实质量，但可以通过购买信息获取慈善质量类型的条件下，选择公布策略更优，因为筹资者通过此方式可以间接展示慈善的类型，尤其是高质量的慈善机构，更偏爱于这种行为。同时作者得出一项有趣的结论，即高质量的慈善机构通过公布策略收到的捐款额度远高于完全信息条件下的捐款额度，原因在于选择公布策略不仅能够将慈善机构的高质量信息传递给其他消费者，且能够减少完全信息条件下消费者之间的搭便车行为。

Zhang(2012) 检验社会学习在不同类型网络中的作用途径而进行实证分析，作者指出社交网络和网络关系是决定人们如何形成沟通以及形成怎样的信念和行为的关键因素，并依据社会学的同质性理论对网络异质性进行区分，定义“陌生人网络”和“朋友网络”两种模式，作者构建观察学习在陌生人网络和朋友网络中的贝叶斯均衡模型，提出每个个体在收到一个关于产品潜在质量的私有信号并观察网络中其他个体的过去行为之后，会对产品做出拒绝或拒绝的决定假设条件，结果验证网络大小的阈值效应，当网络规模很小的时候，朋友网络比陌生人网络承载更有价值的信息。但是当网络规模变得更大时，陌生人网络占据主导地位。同时作者验证出网络同质化对社会学习的两种竞争效应：个人偏好效应和社会从众效应，通过实证分析加深对网络社会学习的认识。

Liu(2012) 基于非完全信息框架，对新产品的最佳发布次序进行研究，作者将决策者的产品推出分为顺序型和同时型两种，通过博弈模型验证出当决策者和消费者都不知道产品的真实价值，高希望的产品采用顺序型信息发布策略更优，低希望的产品采用同时型信息发布策略更优，原因在于高希望的产品成功的可能性较高，决策者采用公布策略释放大量信息易形成产品的接受群体，相反，低希望的产品决策者倾向于采用同时策略，因为释放大量信息容易形成拒绝群体。作者同时验证出高希望的产品相较于低希望的产品，发布期限设置更长。

Roels(2014) 探究社会规划者如何利用社会比较效应实现自身目标。作者依据个体的特性将社会比较模式分为“不甘落后型”和“永争第一型”，“不甘落后型”的消费者厌倦与同伴相比自身表现不佳所导致的效用损失情形，“永争第一型”的消费者偏爱表现超过同伴所带来的效用增加情境。基于社会比较理论建立博弈模型，发现“永争第一”模式易导致结果的两极分化，“不甘落后”模式更易形成结果的集中化，社会规划者可以利用两种方式减轻这些：第一，通过提供完全的参照点而非基于平均输出的聚合参照点；第二，提供相同的参照群体而非所有的参照群体。以产出为中心的社会规划者可以设置参考结构，以最大限度提高顶部或底部消费者的输出，这取决于两者比率的重心。当社会规划者同时考虑效用问题，此时面临着产出和效用无法同时实现最大化的问题，需要社会规划者做出合适的选择。

对众筹模式下信息发布机制主要从实证方面做了一定的研究。Mollic (2013)指出项目的前期准备工作对众筹的成功有很大的帮助，前期准备工作越充分则向消费者传递项目高质量的信号，因此项目发起人应通过多种渠道传递此类信息。Moutinho(2013)认为项目发起人应充分融合视频、图片、文字不同的展现方式，向消费者阐述项目的重要性和独特性，以达到吸引消费者的目的。Ciuchta(2016)利用调节聚焦理论，结合消费者的特质，验证不同的提示信息如何对消费者参与众筹的意愿产生影响，作者将众筹平台的信息分为创业质量信息和社会信息两种类型，进一步将消费者依据调节聚焦框架分为促进目标群体和防御目标群体，研究发现有利的创业质量信息和社会信息都会对消费者的投资意愿有正向作用，但是促进目标群体相较于防御目标群体，有利的信息引导性作用更强。

Hu(2015) 通过建立博弈论模型，指出众筹与传统销售情境的区别性，并结合市场经济中的激励相容条件对众筹中的产品线和价格策略进行探究，研究结果显示众筹中存在明显的搭便车行为，且消费者具有不同的产品感知价值，因消费者的异质性，企业应提供不同质量的产品进行匹配即采用多产品线策略，同时众筹中提供的一系列产品质量的差距小于传统的销售情境。为进一步预测顺序型和同时型这两种信息发布机制的优劣，作者对两种机制下的利润大小进行对比，结果表明虽然实际生活中更多地采用的是顺序型信息发布机制，但同时型信息发布机制因为能够避免消费者之间的搭便车行为，因而从理论角度出发，同时型信息发布机制始终优于顺序型信息发布机制。Hu(2015)对价格策略和信息发布机制的研究为本书提供了一定的框架基础，但本书与该文献有三点明显不同：第一，该文献研究的主体方向为产品定价决策和产品线策略，而本书集中对信息发布机制和价格策略的探究；第二，该文献对信息发布和价格策略的研究基础为完全信息条件，而本书充分考虑信息不对称的现实，在博弈模型的建立中提出筹资方和投资者都不知道产品真实质量的假设条件，基于非完全信息框架拓展模型；第三，该文献未涉及消费者的贝叶斯学习，考虑到顺序发布机制中始终存在搭便车行为，因而结论显示同时型信息发布机制始终优于顺序型信息发布机制，而本书将消费者的贝叶斯学习纳入模型框架，考虑消费者的后验认知，发现存在顺序型信息发布优于同时型信息发布机制的情况。

2.4.2　信号理论

信息提示会对消费者的决策和行为产生作用，从而影响消费者参与众筹的意愿。在市场经济中，交易双方对产品信息的获知和了解程度不一致时，信息相对缺乏的一方容易做出不恰当的决策，通常个体如消费者处于市场劣势地位，信息掌握程度相对较低(Connelly，2011)。信号理论基于信息经济学，指出信号是解决交易双方信息不对称问题的有效途径。从消费者的实际需求出发，多数学者以质量信号构建模型，其中质量代表企业所提供的产品或服务满足消费者需求的程度，作为产品或服务的价值含义代表(Connelly，2011)。信号理论是指信息的发送者将信号传递给接收者，围绕信号的传递过程，可认为信号理论包含三大主体，依次为：发送者、信号和接收者(Xiao，2014)。信号的发送者通常是指对产品和项目的属性信息全方面了解的企业，信号的接收者是缺乏对产品和项目部分信息的理解但有此方面的需求的消费者。企业在消费者缺少信息，无法准确识别产品质量的前提下，为传达项目或产品和服务的高质量属性，而向消费者传达积极的信号，引导消费者投入。BliegeBird(2005)指出信号具有可观察性和成本性两个基本特征，可观察性定义为消费者对所接收信号的识别和理解性，成本性定义为企业为向消费者传达信号需要付出一定的成本或代价。

众筹的参与者为不成熟的个体消费者，缺乏专业投资人的经验、综合评估能力和考察能力，致使信息流动更加受限制，信息不对称问题在众筹环境中更加严重。投资人无法获取关于众筹项目和产品的全面信息，不能准确评估项目和产品的真实质量和实际价值，此时信号是帮助消费者判断的有效依据，能够降低消费者的感知风险和投资不确定性，增强消费者的投资意愿。从消费者的角度出发，消费者通常倾向于选择呈现高质量特征的项目和产品，筹资者为吸引更多消费者的投入，则会向消费者输出高质量的信号。依据信号理论，对输出高质量信号和未输出信号的项目进行对比，可发现消费者偏爱输出高质量信号的项目，因为基于理性认知会认为未输出信号的项目质量水平低于市场平均质量，从而选择减少投入。何伟(2005)指出信号虽然能够对消费者的投资意愿产生影响，但不同信号的有效性不尽相同，其产生的作用大小取决于信号的接收者对信号发送者的信任程度。Ahlers(2015)在验证股权众筹模式中企业利用资金信号增强投资者投资意愿和投资行为的有效性中提出，每个项目的不确定程度是不同的，由此引发投资者对筹资者的信任程度的改变，信任程度较低的情况下，信号对投资者的作用减弱，而信任程度较高的前提下，信号的有效性偏大。

2.4.3　观察学习理论

观察学习，作为社会互动形式，在市场营销领域中研究较多。观察学习的概念追溯于心理学中的社会学习范畴(Bandura，1977)。观察学习理论是指通过对其他个体行为的观察，而对自己的决策产生影响，实现个体行为和环境的有效结合。观察学习对个人购买决策行为的影响可以用经济学文献中的信息级联理论进行解释，根据这一理论，观察学习的信息包含其他消费者所表达的离散信号，而不是其行为背后的原因，这种信息是有限的。当个体可观察到其他所有消费者的购买行为，此时公开观察的信息所形成的认知会超过自己的私人信息，形成信息级联，即后续的观察者都持有相似的认知，最终，个体会跟随或者模仿其他消费者的行为，形成羊群效应(Banerjee，1992)。Bikhchandani(2008)为验证观察学习的基本理念，构建消费者购买决策模型，即消费者认为产品属于高质量，才会购买，认为产品为低质量，则会拒绝。为简单起见，考虑一个三阶段模型，结果显示如果第三个消费者观察到前面的两个消费者都购买或拒绝该产品，则第三个消费者会放弃自己所接收的私人信息，选择跟随前期消费者的行为，当且仅当前两个消费者一个选择购买，一个选择拒绝，则第三个消费者会选择依赖自己的私人信号。个体是否会遵循前期消费者的选择很大程度上取决于前期选择的比重。观察学习对消费者的正向和反向作用由累积购买的比率决定，累积购买比率越高，则观察学习传递的信号愈积极；比率越低，则传达的信息愈消极。

Chen(2011)指出消费者的购买决策会受到其他消费者的意见(如口碑)和行为(如观察学习)的影响，作者收集电商平台亚马逊的数据进行实证分析，从产品销售的影响、时间效用性以及交互作用三个层面验证口碑和观察学习这两种社会互动的区别，结果发现消极的口碑比积极的口碑更具影响力，而只有积极的观察学习才能影响消费者，消极的观察学习不会对消费者发生作用。

Salganik(2006)发现市场中热门歌曲、电影和书籍的成功度远远高于一般的产品，表明“最好”与“一般”之间有本质的区别，而专家通常无法预测哪些产品会成功，为研究这一悖论，作者构建虚拟的音乐市场进行试验，令14341名参与者选择下载不知名的歌曲，并将其分为能够观察前期参与者的选择和无法观察两组，试验结果验证了观察学习的作用，证明社会影响是影响产品成功的重要因素，而产品质量对产品成功只有部分作用。

Tucker(2011)在对流行信息的探究中指出，决策者倾向于遵循同伴的选择，因为他们会从同伴的行为和选择中推断产品的真实质量，验证观察学习对质量推理的影响，证明了“赢者通吃”的结论，即流行性信息对产品的高销量有好处。Zhang(2010)指出仅仅通过观察他人的行为即能对产品的质量做出推断。作者提出观察学习的个体层次动态模型，并应用美国肾脏市场的一组数据进行研究，结果发现观察学习的有力证据，消费者从早期拒绝的队列中得到负向的质量推断，因此自身也会选择拒绝，作者同时发现观察性学习和信息共享对消费者的选择有明显不同的影响，最优的营销策略应该考虑到消费者如何向他人学习。

2.5 相关研究的综合评述

通过对上述的文献梳理可以发现，众筹作为一种新型的融资模式，改变了创业融资的前景，为中小企业提供切实有效的资金来源。虽然众筹起步较晚，但因为其深受初创企业和中小企业的欢迎而发展迅猛，众筹的广泛实践同样吸引了学术界的关注。

目前，众筹的概念界定和分类确认已基本完善，国内外学者的研究重心集中于众筹参与者的动机和绩效影响因素两大板块。众筹参与者的动机研究主要从逐利和非逐利两方面探讨筹资者和投资者选择众筹作为投融资方式的原因，众筹的绩效影响因素研究是从项目基本特征、筹资者社会网络、众筹平台以及动态因素四个层面出发，探讨能够提升众筹平台成功率的方式。大多数学者采用实证模型和二手数据研究众筹问题，利用博弈理论相对较少。

此外，很少有学者对众筹的信息发布机制进行研究，当前对信息的研究主要结论为企业应尽可能向消费者传递高质量的信息以缓解信息不对称问题，但对于信息的传递如何帮助众筹成功，企业是否应该公开前期消费者的投资行为以及背后原因的研究相对不足。Hu(2015)对价格策略和信息发布机制的研究为本书提供了一定的框架基础，但本书与该文献具有显然不同之处：首先，该文献对信息发布和价格策略的研究前提为完全信息条件，与众筹中信息不对称的现实不相符；其次，该文献未涉及消费者的贝叶斯学习；最后，结论显示同时型信息发布机制始终优于顺序型信息发布机制。而本书对这几点进行完善，在博弈模型的建立中提出筹资方和投资者都不知道产品真实质量的假设条件，基于非完全信息框架拓展模型，同时将消费者的贝叶斯学习纳入模型框架，发现存在顺序型信息发布优于同时型信息发布机制的情况，结论更与实际相符合。

基于以上分析，众筹模式下的产品线长度如何选择、质量应该如何设计以及相应的价格策略该如何制定，这些研究问题都很少受到学者的关注，同时很少有研究是从 KIA 众筹模式的角度出发。因此，本书拟在不同众筹模式下，讨论价格策略、产品线设计、产品质量等方面的问题；另一方面，在不完全信息的框架探讨企业应采用何种信息发布机制来获取更高的利润以及背后深层次的原因。笔者采用博弈模型分析方法，充分运用信号理论和观察学习理论，对消费者和企业的行为进行建模，得出在不同的信息发布机制下企业最优定价策略的均衡解。

第三章　AON 众筹模式下的产品线设计①

随着 Kickstarter 和 Indiegogo 这些众筹平台的崛起，产品预售型众筹模式获得了企业和消费者的广泛关注。其主要原因在于预售型众筹一方面满足了消费者优先获得独特产品的心理，同时也对市场反馈进行了测试，使融资者获得了早期开发和生产的资金。众多学者对该模式进行了讨论，如 Ming Hu（2015，marketing science）对产品预售型众筹模式下产品的定价策略和产品线设计进行了研究。该文研究结论表明：和传统的销售模式相比，众筹模式下的产品线策略比单一产品策略更优，而且产品线间的质量差异更小。该结论在产品质量外生时的确成立。其原因是产品质量外生时，当第二个消费者看到第一个消费者报了较高价格时，无论其对产品价值感知的高低，都会报较低的价格，只要能达到企业在众筹模式下预定目标 T；而当产品质量内生时，当第二个消费者看到第一个消费者报了较高价格时，除了需要考虑众筹是否会达到预定的目标以外，还会根据自身对产品的感知价值选择不同的报价。因此，第二个消费者不一定会始终选择较低的报价。

本书在 Ming Hu（2015，marketing science）一文的基础上，通过个人理性和激励相容的理论，增加了产品质量内生时第二个消费者决策的约束条件，进一步探讨了产品预售型众筹模式下的定价策略和产品线设计，结果表明众筹机制下的产品线质量并不总是比传统机制下产品质量的差异小。特别地，当消费者异质性处于中间水平时，众筹机制下产品线的质量差异化更大。

3.1　基本模型

本书以产品回馈型众筹为背景，在产品回馈型众筹中，众筹发起者一般为企业，因此本书将筹资方称为企业；众筹投资方一般为消费者，因此本书将投资方称为消费者。在本书中企业是风险中性的，由于目前大多数平台均采用

① 该章部分内容已发表于《中国管理科学》2019 年第 7 期。

all-or-nothing 的筹资机制发起项目来为产品筹资，即只有在众筹截止时项目筹集金额达到预设目标 T，项目才会启动；否则，项目不会启动，因此，本书将在企业在 all-or-nothing 的筹资机制下讨论企业的价格策略以及相应的产品线设计。

考虑一个两阶段市场，众筹在两阶段过后即截止。在每一阶段 t，都会有一个消费者进入市场，我们用 B_t 来表示在 t 阶段进入市场的消费者，其中 $t=1$，2。假设达到筹资金额 T 启动项目时，两个消费者都必须支持项目，这对于研究消费者之间的协同关系是很重要的。在现实中，所有的众筹项目都会需要许多的消费者来支持，对于一个众筹项目需要许多消费者以及许多资金才能启动，这其中有很多原因。比如，对于企业而言，越多的消费者支持项目，就能带来越大的规模效应，企业的生产成本也就越低，绝大多数的电子产品都属于这一类型。

对于企业而言，在消费者进入市场之前，企业必须作出产品质量以及定价策略。我们用 Q 来代表产品质量，并且假设产品的生产成本为 $Q^2/2$，这一假设被学者广泛用于营销文献中(例如，Guo 和 Zhang，2012)。对于消费者而言，不同的消费者可能有不同的产品感知价值，为了刻画这一异质性，我们假设消费者的感知价值为独立同分布(i. i. d.)，其中 $V_h=HQ$，其概率为 α；$V_l=LQ$，其概率为 $1-\alpha$，其中 $H>L>0$。在第一阶段进入市场的消费者 B_1 会根据自身的产品感知价值作出购买决策，企业观察并将这一购买决策发布。消费者 B_2 进入市场，根据自身的产品感知价值以及 B_1 的行为来做出自身的购买决策。我们假设每一个消费者都是理性的，都会做出最大化自身效用的决策。本书的博弈顺序为：

(1)企业在 AON 众筹模式下决定产品的价格和质量，并设定预期筹资金额 T；

(2)第一阶段的消费者进入市场并且做出决策；

(3)企业观察到第一阶段消费者决策行为并通过网络平台公布第一阶段的筹资信息；

(4)第二阶段消费者进入市场，观察到第一阶段消费者的行为决策，做出自身的购买决策。

见图 3.1。

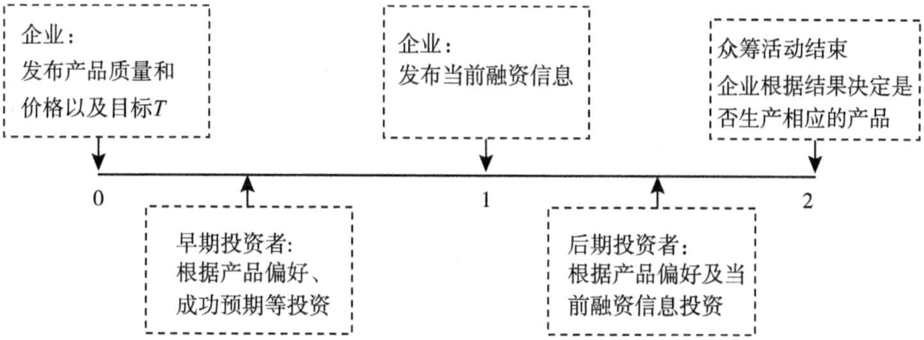

图 3.1 博弈顺序

3.2 最优价格策略

3.2.1 单一高价格策略

当企业选择单一高价格策略时，企业会将产品价格设置为 $P^H = HQ_H$，并且会将目标筹资金额设置为 $T^H = 2HQ_H$，这也就意味着企业只将产品卖给 H 型消费者。H 型消费者始终会做出购买决策，L 型消费者不会进行购买，项目筹得资金启动的概率为 $S^H = \alpha^2$，企业的期望利润为 $\Omega_{\mathrm{AON}}^H = 2\alpha^2\left(HQ_H - \frac{{Q_H}^2}{2}\right)$。

企业期望利润对 Q_H 求一阶导且令其等于0，可得 $Q_H = H$，因此企业期望利润 $\Omega_{\mathrm{AON}}^H = \alpha^2 H^2$，产品价格 $P^H = H^2$。

3.2.2 单一低价格策略

当企业选择单一低价格策略时，企业会将产品价格设置为 $P^L = LQ_L$，并且会将目标筹资金额设置为 $T^L = 2LQ_L$，这也就意味着企业将产品卖给所有类型的消费者。

3.2.3 变动价格策略

当企业选择变动价格策略时，企业会在不同的阶段提供不同质量的产品（Q_L，Q_H），其中（$Q_L < Q_H$），并且设定不同的价格，我们用 P_t^D 表示产品在不

同阶段t时的价格，$t=1$，2。由于消费者的产品感知价值是一个二点分布，企业为了自身利润最大化，每一阶段的最优价格为LQ_L或者HQ_H。这导致有两种价格策略$(P_1^D,\ P_2^D)=(HQ_1,\ LQ_2)$或者$(P_1^D,\ P_2^D)=(LQ_1,\ HQ_2)$，企业设置的目标筹资金额为$T=LQ_L+HQ_H$。由于两阶段消费者的产品感知质量分布相同，因此无论企业选择$(P_1^D,\ P_2^D)=(HQ_H,\ LQ_L)$还是$(P_1^D,\ P_2^D)=(LQ_L,\ HQ_H)$对最终利润并不会造成影响。项目筹得资金启动的概率为$S^D=\alpha$，企业的期望利润为：$\Omega_{\mathrm{AON}}^D=\alpha\left(LQ_L+HQ_H-\dfrac{Q_L^2}{2}-\dfrac{Q_H^2}{2}\right)$。将企业的期望利润分别对$Q_1$和$Q_2$求一阶导并令其等于0，可得$Q_1=L$，$Q_2=H$。因此$\Omega_{\mathrm{AON}}^D=\dfrac{\alpha(L^2+H^2)}{2}$，企业设置产品价格为$(P_1^D,\ P_2^D)=(H^2,\ L^2)$或者$(P_1^D,\ P_2^D)=(L^2,\ H^2)$。

3.2.4　菜单价格策略

当企业选择菜单价格策略时，企业会在每一阶段同时提供两种质量不同的产品Q_L和Q_H给消费者进行选择，其价格分别为P_L和P_H，其中$Q_L<Q_H$，$P_L\leqslant LQ_L<P_H\leqslant HQ_H$。企业设置的目标筹资金额为$T=P_L+P_H$。

我们采用倒序法来求解最佳策略。在第二阶段，消费者B_2观察到消费者B_1的行为并作出自己的购买决策。当B_1选择P_H时，对B_2而言，此时由于两种产品质量和价格不同，消费者的剩余价值也不同，当B_2选择L型产品剩余价值高，则B_2会选择L；当B_2选择H型产品剩余价值高，则B_2会选择H型产品。当B_1选择P_L时，B_2要么选择P_H，要么放弃购买（这时B_2选择P_L没有意义，因为项目无法筹得目标资金，不会启动）。

在第一阶段，若消费者B_1的感知价值为LQ，则其始终会选择P_L。若消费者B_1的感知价值为HQ，则其会在两种产品中进行选择：当其选择P_L时，会获得消费者剩余HQ_L-P_L，项目成功的概率为α；当其选择P_H时，会获得消费者剩余HQ_H-P_H，项目成功的概率为1。当B_1为H型消费者时，只有在满足如下条件时，B_1才会倾向于选择P_H而不是P_L：

$$\alpha(HQ_L-P_L)\leqslant HQ_H-P_H$$

由此可以得出$P_H\leqslant HQ_H-\alpha(H-L)Q_L$，又因为$P_L\leqslant LQ_L$，企业为了自身利润最大化，会选择$P_H=HQ_H-\alpha(H-L)Q_L$，$P_L=LQ_L$。

（1）当B_1为H型消费者且选择H型产品时，若要B_2选择L型产品，则其消费者剩余要大于选择H型产品，即有约束条件：$HQ_L-P_L\geqslant HQ_H-P_H$。

由此可以得出 $HQ_H-(H-L)Q_L\leqslant P_H\leqslant HQ_H-\alpha(H-L)Q_L$，又因为 $P_L\leqslant LQ_L$，企业为了自身利润最大化，会选择 $P_H=HQ_H-\alpha(H-L)Q_L$，$P_L=LQ_L$。

此时企业的期望利润为 $\Omega_{\text{AON}}^{ML}=[\alpha^2+2\alpha(1-\alpha)]\left(P_H+P_L-\frac{{Q_H}^2}{2}-\frac{{Q_L}^2}{2}\right)$，将 $P_H=HQ_H-\alpha(H-L)Q_L$，$P_L=LQ_L$ 代入其中，然后分别对 Q_L 和 Q_H 求一阶导并令其等于0，可得 $Q_H=H$，$Q_L=L-\alpha(H-L)$。令 $Q_L=0$，可求得临界值 $\frac{H}{L}=\frac{1+\alpha}{\alpha}$。

a. 如果 $1\leqslant\frac{H}{L}\leqslant\frac{1+\alpha}{\alpha}$ 时，企业提供的两类产品分别为：

$(Q_H,P_H)=(H,H^2-\alpha(H-L))$，$(Q_L,P_L)=(L-\alpha(H-L),L)$，

企业的期望利润为 $\Omega_{\text{AON}}^{ML}=\frac{\alpha(2-\alpha)}{2}[(1+\alpha^2)H^2-2\alpha(1+\alpha)HL+(1+\alpha)^2L^2]$；

b. 如果 $\frac{H}{L}\geqslant\frac{1+\alpha}{\alpha}$ 时，企业提供的两类产品分别为：

$(Q_H,P_H)=(H,H^2)$，$(Q_L,P_L)=(0,0)$，企业的期望利润为 $\Omega_{\text{AON}}^{ML}=\frac{\alpha(2-\alpha)}{2}H^2$。

(2) 当 B_1 为 H 型消费者且选择 H 型产品时，若要 H 型的 B_2 消费者选择 H 型产品，则其消费者剩余要大于选择 L 型产品，即有约束条件：$HQ_L-P_L\leqslant HQ_H-P_H$。

由此可以得出 $P_H\leqslant HQ_H-(H-L)Q_L$，又因为 $P_L\leqslant LQ_L$，企业为了自身利润最大化，会选择 $P_H=HQ_H-(H-L)Q_L$，$P_L=LQ_L$。

此时企业的利润为 $\Omega_{\text{AON}}^{MH}=2\alpha(1-\alpha)\left(P_H+P_L-\frac{Q_H^2}{2}-\frac{Q_L^2}{2}\right)+\alpha^2(2P_H-Q_H^2)$，将 $P_H=HQ_H-(H-L)Q_L$，$P_L=LQ_L$ 代入其中，然后分别对 Q_L 和 Q_H 求一阶导并令其等于0，可得 $Q_H=H$，$Q_L=\frac{(2-\alpha)L-H}{1-\alpha}$。令 $Q_L=0$，可求得临界值 $\frac{H}{L}=2-\alpha$。

a. 如果 $1 \leqslant \frac{H}{L} \leqslant 2-\alpha$ 时，企业提供的两类产品分别为：

$(Q_H, P_H)=(H, H^2)$，$(Q_L, P_L)=\left(\frac{(2-\alpha)L-H}{1-\alpha}, \frac{(2-\alpha)L^2-HL}{1-\alpha}\right)$，

企业的期望利润为 $\Omega_{\mathrm{AON}}^{MH}=\frac{\alpha(2-\alpha)}{1-\alpha}[H^2-2HL+(2-\alpha)L^2]$；

b. 如果 $\frac{H}{L}>2-\alpha$ 时，企业提供的两类产品分别为：

$(Q_H, P_H)=(H, H^2)$，$(Q_L, P_L)=(0, 0)$，企业的期望利润为 $\Omega_{\mathrm{AON}}^{MH}=\alpha H^2$。

通过对以上不同范围的利润进行比较，可以得出以下结论：

结论 3.1：当采用菜单价格策略时，企业应根据 H/L 以及 α 的范围进行最优产品线的设计，具体而言：

① 区域 Ⅰ：当 $\alpha \in (0, b]$，$\frac{H}{L} \geqslant c$ 或 $\alpha \in [b, 1)$，$\frac{H}{L} \geqslant 2-\alpha$ 时，企业提供的两种产品分别为 $(Q_H, P_H)=(H, H^2)$，$(Q_L, P_L)=(0, 0)$，此时企业的利润为 αH^2。

② 区域 Ⅱ：当 $\alpha \in (0, b]$，$1 \leqslant \frac{H}{L} \leqslant c$ 或 $\alpha \in [b, 1)$，$1 \leqslant \frac{H}{L} \leqslant d$ 时，企业提供的两种产品分别为 $(Q_H, P_H)=(H, H^2-\alpha(H-L))$，$(Q_L, P_L)=(L-\alpha(H-L), L)$，此时企业的利润为 $\Omega_{\mathrm{AON}}^{ML}=\frac{\alpha(2-\alpha)}{2}[(1+\alpha^2)H^2-2\alpha(1+\alpha)HL+(1+\alpha)^2L^2]$。

③ 区域 Ⅲ：当 $\alpha \in [b, 1)$，$d \leqslant \frac{H}{L} \leqslant 2-\alpha$ 时，企业提供的两种产品分别为 $(Q_H, P_H)=(H, H^2)$，$(Q_L, P_L)=\left(\frac{(2-\alpha)L-H}{1-\alpha}, \frac{(2-\alpha)L^2-HL}{1-\alpha}\right)$，此时企业的利润为 $\Omega_{\mathrm{AON}}^{MH}=\frac{\alpha(2-\alpha)}{1-\alpha}[H^2-2HL+(2-\alpha)L^2]$。

见图 3.2。

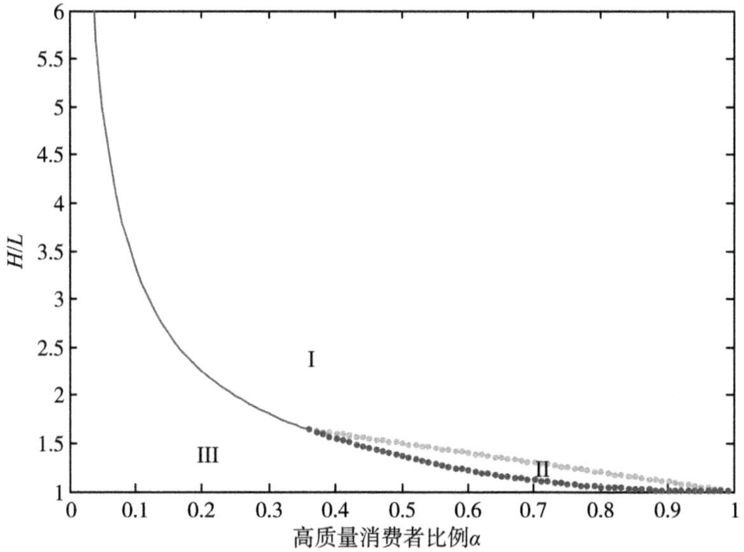

图 3.2 众筹模式下的最优产品线设计

3.3 众筹模式与传统模式下产品线质量差异的比较

和 Ming Hu(2015)一样，在传统机制设计中，最优的产品质量以及相应的价格为：

引理 3.1：在传统的产品线设计中，最优策略为：

(1)如果 $H/L \leqslant 1/\alpha$，则最优的产品线设计为：

$$(Q_H^T,\ P_H^T) = (H,\ (H^2 - (1+\alpha)HL + L^2))/(1-\alpha)$$

$$(Q_L^T,\ P_L^T) = ((L-\alpha H)/(1-\alpha),\ (L-\alpha H)L/(1-\alpha))$$

(2)如果 $H/L \geqslant 1/\alpha$，则最优的产品线设计为：

$$(Q_H^T,\ P_H^T) = (H,\ H^2),\ (Q_L^T,\ P_L^T) = (0,\ 0)$$

为比较众筹机制下产品线与传统机制设计下产品线的区别，我们将传统机制设计下产品的质量和众筹机制下产品线质量的差异进行对比，可以得到以下结论：

结论 3.2：众筹机制和传统机制下产品线的质量差异的大小取决于参数 α 以及 H/L 的范围，具体而言：

(1)当 $H/L \geqslant 1/\alpha$ 时(I)，众筹机制和传统机制下产品线的质量相同；

(2)当 $\alpha \in (0,\ b]$，$c \leqslant H/L \leqslant 1/\alpha$，或者 $\alpha \in [b,\ 1]$，$d \leqslant H/L \leqslant 1/\alpha$

时(II)，众筹机制下产品线的质量差异化更大；

(3)当$\alpha \in (0, b]$，$1 \leqslant H/L \leqslant c$，或者$\alpha \in [b, 1]$，$1 \leqslant H/L \leqslant d$时(III)，传统机制下产品线的质量差异化更大。

见图 3.3。

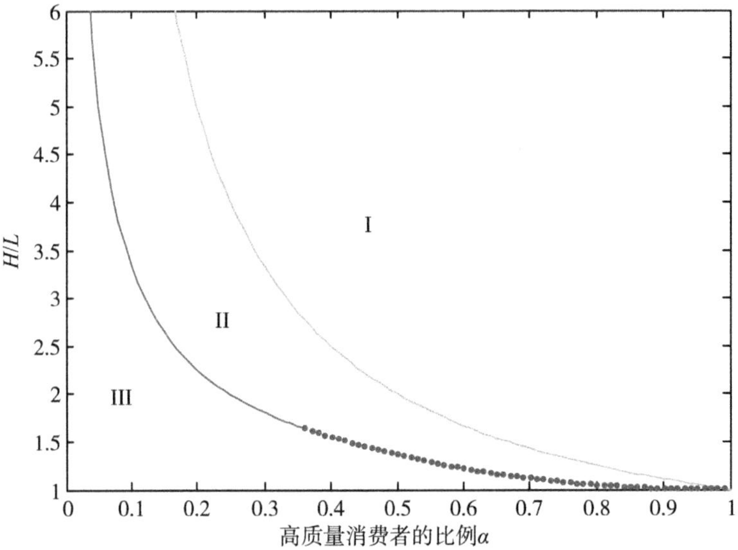

图 3.3　产品线的质量差异的比较

和 Ming Hu(2015)不同的是，众筹机制下的产品线质量并不总是比传统机制下产品质量的差异小。特别的，当$\alpha \in (0, b]$，$c \leqslant H/L \leqslant 1/\alpha$，或者$\alpha \in [b, 1]$，$d \leqslant H/L \leqslant 1/\alpha$时，即消费者异质性处于中间水平时，众筹模式下产品线的质量差异化更大。

3.4　AON 模式下不同定价策略的利润比较

以下我们将比较不同价格策略下的利润，和 Ming Hu(2015)一样，当产品质量内生时有以下结论：

引理 3.2：当产品质量内生时，企业在不同定价策略下的价格和质量分别为：

(1)单一高价格策略：$Q^H = H$，$P^H = H^2$，企业的利润为$\prod^H = \alpha^2 H^2$；

(2)单一低价格策略：$Q^L = L$，$P^L = L^2$，企业的利润为$\prod^L = L^2$；

(3)变动价格策略：$Q_t^D = H$，$P_t^D = L^2$，$Q_{3-t}^D = L$，$P_{3-t}^D = L^2$，$t = 1, 2$，企业的利润为 $\prod^D = (\alpha/2)(H^2 + L^2)$.

通过将结论 3.1 中菜单价格策略下的利润函数与引理 3.2 中各利润函数的比较，可以得到以下结论：

结论 3.3：①当 $\alpha \in (0,\alpha_1]$、$\frac{H}{L} \geqslant \frac{\alpha^4 - \alpha^3 - 2\alpha^2 - \sqrt{4\alpha - 6\alpha^2 + \alpha^4 + 2\alpha^5 - \alpha^6}}{\alpha^4 - 2\alpha^3 + \alpha^2 - 2\alpha}$ 或 $\alpha \in \left[\alpha_1, \frac{3-\sqrt{5}}{2}\right]$、$\frac{H}{L} \geqslant \sqrt{\frac{1}{\alpha}}$ 或 $\alpha \in \left[\frac{3-\sqrt{5}}{2}, 1\right)$、$\frac{H}{L} \geqslant 1 + \frac{(1-\alpha)\sqrt{(2\alpha-\alpha^2)(1-\alpha)}}{2\alpha - \alpha^2}$ 时，企业选择菜单价格策略最优。

②当 $\alpha \in (0, \alpha_1]$、$1 \leqslant \frac{H}{L} \leqslant \frac{\alpha^4 - \alpha^3 - 2\alpha^2 - \sqrt{4\alpha - 6\alpha^2 + \alpha^4 + 2\alpha^5 - \alpha^6}}{\alpha^4 - 2\alpha^3 + \alpha^2 - 2\alpha}$ 或 $\alpha \in \left[\alpha_1, \frac{3-\sqrt{5}}{2}\right]$、$1 \leqslant \frac{H}{L} \leqslant \sqrt{\frac{1}{\alpha}}$ 或 $\alpha \in \left[\frac{3-\sqrt{5}}{2}, 1\right)$、$1 \leqslant \frac{H}{L} \leqslant 1 + \frac{(1-\alpha)\sqrt{(2\alpha-\alpha^2)(1-\alpha)}}{2\alpha - \alpha^2}$ 时，企业选择单一低价格策略最优。

见图 3.4。

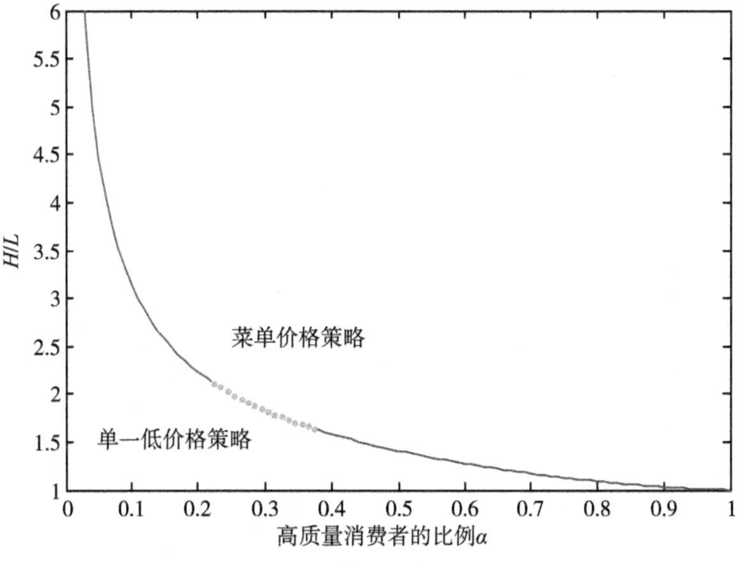

图 3.4 不同定价策略下利润的比较

结论 3.3 表明，当产品质量内生时，众筹机制中的菜单价格策略始终优于单一高价格策略和变动价格策略，即使在 α 很大时，企业也可以通过适当的产品质量和价格设置，取得较高的利润。

3.5　本章小结

产品众筹模式正得到企业和消费者的广泛关注，本书在 Ming Hu（2015）一文的基础上，对产品质量内生时企业的定价策略和产品线设计进行了进一步研究，发现众筹模式下产品线的质量差异并非总是比传统模式下的差异小，只有当消费者的异质性在一定的范围内时，该结论才能成立。特别的，当消费者的异质性处于中间水平时，众筹模式下产品线的质量差异比传统模式下的差异大。此外，本书还对产品众筹的不同价格策略进行了比较，企业可以根据 α 和消费者的异质性 H/L 在菜单价格策略和单一低价格策略之间进行选择，以获取最大收益。

本书在 all-or-nothing 的筹资机制下讨论了企业的定价策略和产品线设计，下一章进一步讨论这些结论在 keep-it-all 模式下是否成立。

第四章　KIA 众筹模式下的产品线设计

在 AON(all-or-nothing)众筹模式中，如果项目在规定时间内没有达到预定的金额，企业将返还消费者的投资金额；而在 KIA(keep-it-all)众筹模式下，即使项目在规定时间内没有达到预定的金额，企业也将不会返还消费者的投资，这样消费者将面临更大的风险。在这种较大风险的环境下，不同产品偏好的消费者是选择搭便车行为还是和 AON 模式下相同，支付较高的价格以确保项目的成功？本书拟从消费者的投资行为入手，首先在质量外生的情景下考虑 KIA 众筹模式下企业的产品线定价问题；然后，在质量内生的情景下考虑 KIA 众筹模式下企业的产品线质量选择和定价问题；最后通过将 KIA 模式下产品线设计和传统模式下产品线设计进行比较，为企业在 KIA 众筹模式下选择相应的产品线和价格策略提供指导和建议。

4.1　基 本 模 型

在产品回馈型众筹中，众筹发起者一般为企业，众筹投资方一般为消费者。假设企业和消费者都是风险中性的，企业通过众筹平台发起项目在一段时间内为产品筹资，筹资目标为 T，并且发布与产品质量以及价格有关的信息。在 AON 模式下，只有当众筹截止时项目筹集额达到预设目标，项目才会启动；当项目所筹金额没有达到设定目标，企业将返还消费者的投资。不同于 AON 模式，在 KIA 模式下，当众筹截止时项目筹集额没有达到预设目标 T，项目不会启动或者提供一个质量较低的产品，但企业将保留已经筹到的部分资金，消费者则可能面临较大损失。因此，这种模式特别适合于那些可扩展的项目，如书籍、音乐专辑、游戏等，在资金没有达到目标时，企业在所筹集的部分资金条件下启动项目，提供一个基础产品作为回报，如 RocketHub、GoFundMe、Sponsume 以及 Indiegogo 等众筹平台都提供这种筹资方式。

4.1.1 质量外生时的价格策略

本书以 Ming Hu(2015)的框架为基础，考虑企业采用 KIA 众筹模式的一个两阶段市场。在每一阶段 t，都会有一个消费者进入市场，用 B_t 来表示在 t 阶段进入市场的消费者，其中 $t=1$，2。在质量外生情形下，企业根据产品质量在固定的期限内做出众筹目标和产品定价策略。对于消费者而言，不同的消费者可能有不同的产品感知价值，为了刻画这一异质性，我们假设消费者的感知价值为独立同分布(i. i. d.)，其中 $V_h=H$，其概率为 α；$V_l=L$，其概率为 $1-\alpha$，其中 $H>L>0$。在第一阶段进入市场的消费者 B_1 会根据自身的感知价值做出购买决策，企业观察到第一阶段消费者的投资行为并将这一信息通过众筹平台进行发布；消费者 B_2 进入市场，根据自身的感知价值以及 B_1 的投资行为来做出自身的购买决策。假设每一个消费者都是理性的，根据期望效用最大化进行决策。本书中的博弈顺序为：

(1)企业在 KIA 众筹模式下决定产品的价格，并设定预期筹资金额 T；

(2)第一阶段的消费者进入市场并做出投资决策；

(3)企业观察到第一阶段消费者的行为并通过网络平台公布第一阶段的筹资信息；

(4)第二阶段消费者进入市场，观察到第一阶段消费者的行为决策，做出自身的购买决策。

(5)截止众筹期，企业根据所筹的资金决定是否向消费者提供产品，众筹活动结束。

见图 4. 1。

本书主要考虑单一价格、动态价格以及菜单价格这三种不同的价格策略。

(1)单一价格。当企业选择单一价格策略时，企业会给它的产品在两阶段制定一个相同的价格。由于在达到筹资金额 T 启动项目时，两个消费者都必须支持项目，因此，企业将筹资金额设置为 $T=2P$。尽管 P 可以取任何的正值，但是由于消费者的产品感知价值是一个二点分布，企业为了自身利润最大化，最佳价格应为 $T=H$ 或 $T=L$。因此，单一价格策略可以分为高价格策略和低价格策略两种。

当企业选择高价格策略时，企业会将产品价格设置为 $P^H=H$，并且会将目标筹资金额设置为 $T^H=2H$，这也就意味着企业只将产品卖给 H 型消费者。而当第一阶段消费者 B_1 为 H 时，若其考虑购买则其期望效用为 $\alpha*0+(1-\alpha)*(-H)<0$，因此其不会进行购买；同样，第二阶段消费者 B_2 看到 B_1 的

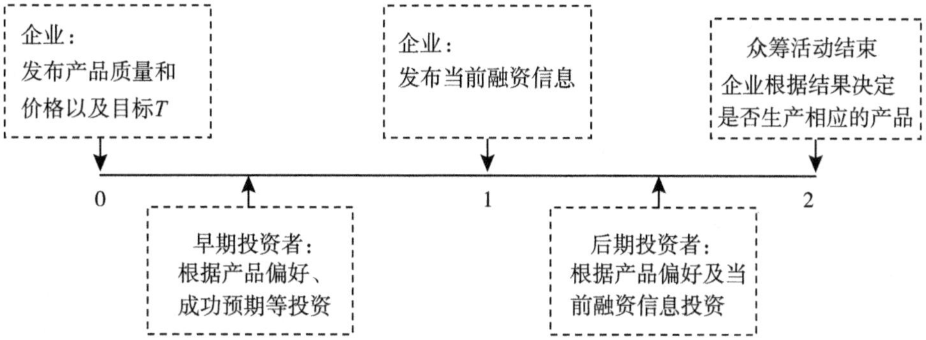

图 4.1　博弈顺序

行为也不会进行购买。当第一阶段消费者 B_1 为 L 时，价格高于其感知价值从而不会购买，因此，此时企业的期望利润为 $\pi_{\text{KIA}}^{H}=0$。当企业选择低价格策略时，企业会将产品价格设置为 $P^L=L$，并且会将目标筹资金额设置为 $T^L=2L$，这也就意味着企业将产品卖给所有类型的消费者。此时，项目始终都会筹得目标金额 T^L 并且启动，期望利润为 $\pi_{\text{KIA}}^{L}=2\text{L}$。

（2）动态价格策略。当企业选择动态价格策略时，企业会在不同的阶段设定不同的价格，以 P_t^i 表示产品在不同阶段 t 时的价格，$t=1$，2。由于消费者的产品感知价值是一个二点分布，企业为了自身利润最大化，每一阶段的最佳价格为 L 或者 H。这导致有两种价格策略 $(P_1^i,\ P_2^i)=(H,\ L)$ 或者 $(P_1^i,\ P_2^i)=(L,\ H)$，企业设置的目标筹资金额为 $T^i=L+H$。

当企业选择 $(P_1^i,\ P_2^i)=(L,\ H)$ 时，若第一阶段消费者 B_1 为 L 时，若其考虑购买，则其期望效用为 $\alpha*0+(1-\alpha)*(-L)<0$，因此其不会进行购买，第二阶段消费者 B_2 看到第一阶段消费者的行为也不会进行购买；若第一阶段消费者 B_1 为 H 时，其期望效用为 $\alpha(H-L)-(1-\alpha)L=\alpha H-L$。因此，当 $\dfrac{H}{L}\geqslant\dfrac{1}{\alpha}$ 时，该消费者期望效用为正，从而会进行购买；第二阶段消费者 B_2 为 H 时也会进行购买，否则不会购买。此时企业的期望利润为 $\pi_{\text{KIA}}^{i1}=\alpha^2(H+L)$。当企业选择 $(P_1^i,\ P_2^i)=(H,\ L)$ 时，当第一阶段消费者 B_1 为 L 时，其不会进行购买，第二阶段消费者 B_2 看到这一举动也不会进行购买；当第一阶段消费者 B_1 为 H 时，由于第二阶段的消费者 B_2 一定会以 L 购买，因此 B_1 一定会进入市场，并支付价格 H。此时企业的期望利润为 $\pi_{\text{KIA}}^{i2}=\alpha(H+L)>\alpha^2(H+$

L)。因此，企业始终会选择 $(P_1^i, P_2^i)=(H, L)$ 的价格策略顺序，获取期望利润 $\pi_{\mathrm{KIA}}^i=\alpha(H+L)$。

从以上分析容易看出，当 $\frac{H}{L} \geqslant \frac{2-\alpha}{\alpha}$ 时，$\pi_{\mathrm{KIA}}^i=\alpha(H+L) \geqslant 2L=\pi_{\mathrm{KIA}}^L$，即动态价格策略优于单一低价格策略；否则，单一低价格策略优于动态价格策略。

(3)菜单价格策略。当企业选择菜单价格策略时，企业会在每一阶段同时提供两种价格 P_L 和 P_H 让消费者进行选择，其中 $P_L \leqslant L \leqslant P_H \leqslant H$。企业设置的目标筹资金额为 $T^M=P_L+P_H$，这就要求至少有一个消费者付出较高的价格。在传统模式下，这种定价策略不可行是因为消费者会始终选择低价格选项，但是在众筹模式下，如果一个消费者选择高价格选项能显著提高项目启动的可能性，那么他就有可能选择高价格以获取更高的期望效用。

采用倒序法来求解最佳策略。在第二阶段，消费者 B_2 观察到消费者 B_1 的行为并做出自己的购买决策。当 B_1 选择 P_H 时，B_2 始终会选择 P_L；当 B_1 选择 P_L 时，若消费者 B_2 的感知价值为 H 则其始终会选择 P_H，若消费者 B_2 的感知价值为 L 则其不会进入市场。在第一阶段，若消费者 B_1 的感知价值为 L，其要么选择不进入市场，要么选择 P_L。若消费者 B_1 的感知价值为 H，当其选择较低价格选项 P_L 时，会获得较大的效用 $H-P_L$，但是项目成功的可能性为 α；当其选择较高价格选项 P_H 时，会获得较低的效用 $H-P_H$，但是项目始终能够筹得预期资金并且启动。在满足如下条件时，B_1 才会倾向于选择 P_H 而不是 P_L：即 $H-P_H \geqslant \alpha(H-P_L)-(1-\alpha)P_L$。当 B_1 为 L 型消费者者时，只有消费者期望效用大于零 B_1 才会倾向于选择 P_L：即 $\alpha(L-P_L)-(1-\alpha)P_L \geqslant 0$。

通过以上分析可知企业可以通过价格设定来影响消费者行为，根据项目成功的可能性可以分以下四种情况：① B_1 为 L 型消费者时选择 P_L，此时若 B_2 为 H 型消费者则选择 P_H，B_2 为 L 型消费者则不投；B_1 为 H 型消费者时选择 P_H，此时无论 B_2 为 H 型还是 L 型消费者均选择 P_L。② B_1 为 L 型消费者时选择 P_L，此时若 B_2 为 H 型消费者则选择 P_H，B_2 为 L 型消费者则不投；B_1 为 H 型消费者时选择 P_L，此时若 B_2 为 H 型消费者则选择 P_H，B_2 为 L 型消费者则不投。③ B_1 为 L 型消费者时不进入市场；B_1 为 H 型消费者时选择 P_H，此时无论 B_2 为 H 型还是 L 型消费者均选择 P_L。④ B_1 为 L 型消费者时不进入市场；B_1 为 H 型消费者时选择 P_L，此时若 B_2 为 H 型消费者则选择 P_H，B_2 为 L 型消费者则不投。

结论 4.1：在 KIA 众筹模式下，当产品质量外生时，企业应根据消费者感知价格的异质性（H/L）以及高价值消费者出现概率 α 的不同，而设置不同的价格菜单 (P_L, P_H) 为：$(\alpha L, (1-\alpha)H+\alpha L)$、$(\alpha L, H)$、$(L, (1-\alpha)H+L)$ 或者 (L, H)。

证明见附录。

若企业欲使第一阶段进入的 L 型消费者进行购买，此时由于 L 型消费者面临项目不成功的风险较大（$1-\alpha$），企业不得不降低 P_L（$P_L=\alpha L<L$）来提高消费者的期望效用，但是却提高了项目成功的可能性，使得企业能够更好地获取 H 型消费者的价值；当消费者对于产品的感知价值异质性较强（$H/L\geqslant 2$）时，企业通过获取 H 型消费者的价值进而显著地提高利润，而且由此带来的利润增长大于降低 P_L 而导致的利润减少；当消费者异质性较弱（$H/L<2$）时，企业通过完全获取二阶段 H 型消费的价值带来的利润增长，只有在 H 型消费者出现的概率较大时才能覆盖降低 P_L 而导致的利润减少。企业通过降低 P_H 提高项目成功率带来的利润增长，只有在 H 型消费者出现的概率较小时才能弥补降低 P_L 或者 P_H 而导致的利润减少。

因此当消费者异质性较强时，企业通过价格控制使得第一阶段进入的 L 型消费者进行购买，来提高项目成功可能性，从 H 型消费者身上能够获取更高利润。当消费者异质性较弱时，只有在 H 型消费者出现的概率较大或较小时，企业通过价格控制使得第一阶段进入的 L 型消费者进行购买才是明智之举，否则，放弃第一阶段进入的 L 型消费者，从而完全获取第二段 H 型消费者的价值才能带来更高的利润。

若企业欲通过使第一阶段进入的 H 型消费者出资 P_H 从而提高项目成功的可能性，则不得不降低 P_H 来提高消费者购买 H 型产品的效用，从而避免消费者购买 L 型产品。企业通过提高项目成功率带来的利润增长只有在 H 型消费者出现可能性较小时才能弥补降低 P_H 所带来的利润减少。因此，当 H 型消费者出现可能性较小时，企业降低 P_H 来提高项目成功可能性，能够带来更多的利润。当 H 型消费者出现可能性较大时，企业放弃第一阶段 H 型消费者的部分价值，从而完全获取二阶段 H 型消费者的价值，可以带来更大的利润。

4.1.2 KIA 模式下的最优价格策略

通过在质量给定情形下 KIA 众筹模式下单一价格策略、动态价格策略和菜单价格策略的期望利润，企业可以选择最佳价格策略：

结论 4.2：在 KIA 众筹模式下，给定产品质量，根据消费者感知价格的异质性(H/L) 以及高价值消费者出现概率 α 的不同，而选择不同的价格策略：

①若 $\alpha \in \left(0, \frac{3-\sqrt{5}}{2}\right]$，$\frac{H}{L} \geqslant \frac{2+2\alpha-2\alpha^2}{2\alpha-\alpha^2}$ 或 $\alpha \in \left(\frac{3-\sqrt{5}}{2}, \frac{3-\sqrt{3}}{3}\right]$，$\frac{2+2\alpha-2\alpha^2}{2\alpha-\alpha^2} \leqslant \frac{H}{L} \leqslant \frac{4\alpha-2\alpha^2-1}{3\alpha-\alpha^2-1}$ 时，企业应选择菜单价格；

②若 $\alpha \in \left(\frac{3-\sqrt{5}}{2}, \frac{3-\sqrt{3}}{3}\right]$，$\frac{H}{L} \geqslant \frac{4\alpha-2\alpha^2-1}{3\alpha-\alpha^2-1}$ 或 $\alpha \in \left[\frac{3-\sqrt{3}}{3}, 1\right)$，$\frac{H}{L} \geqslant \frac{2-\alpha}{\alpha}$ 时，企业应选择动态价格；

③若 $\alpha \in \left(0, \frac{3-\sqrt{3}}{3}\right]$，$1 \leqslant \frac{H}{L} \leqslant \frac{2+2\alpha-2\alpha^2}{2\alpha-\alpha^2}$ 或 $\alpha \in \left[\frac{3-\sqrt{3}}{3}, 1\right)$，$1 \leqslant \frac{H}{L} \leqslant \frac{2-\alpha}{\alpha}$ 时，企业选择单一低价格。

见图 4.2。

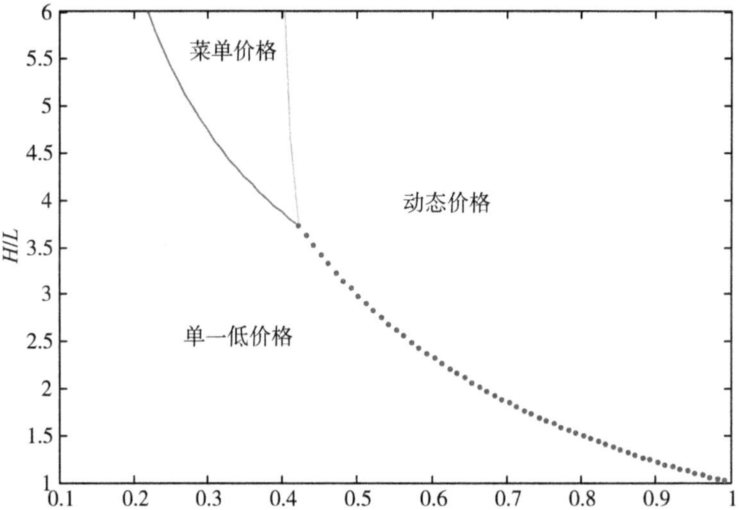

图 4.2　质量外生时最优价格策略

结论 4.2 表明有三种价格策略均可以占优，单一高价格策略之所以无法占优，是因为企业设置价格以及预期筹集资金较高，使得消费者面临项目不成功的风险较大，消费者的期望效用小于 0，因此消费者均不进行购买；当消费者为高感知价值的可能性较小(即 α 较小)或消费者感知价值异质性较小(即 H/L 较小)时，企业采用单一低价格策略能获取更多的利润。这是因为将目标瞄准高感知价值消费者所带来的利润增加不足以弥补项目成功率下降所导致的利润减少。另一个极端，当消费者很有可能为高感知价值(即 α 较大)或消费者感知价值异质性较大(即 H/L 较大)时，企业应该采用动态价格策略，企业完全获取高价值消费者的剩余价值所带来的利润能够弥补项目成功可能性下降所导致的利润减少；当 H 型消费者出现的可能性不大，并且消费者感知价值的异质性足够大($H/L \geqslant 2+\sqrt{3}$)时，企业采用菜单价格策略能够获得更多的利润。这是因为当消费者感知价值的异质性足够大时，相比于单一低价格策略，获取 H 型消费者的剩余价值所带来的利润要大于项目成功可能性降低所导致的利润减少。动态价格策略与菜单价格策略相比，当 H 型消费者出现的可能性较小时，分阶段完全获取消费者剩余所带来的利润增长要小于项目成功可能性降低所导致的利润减少。同时，此时菜单价格策略之所以能够占优，还源于高、低两种感知价值消费者之间的协同作用，对于同样一种产品，为了使项目筹得预期资金而启动，高感知价值消费者会选择高价格以此来增加项目成功的可能性。

4.2 基本模型的扩展

当产品质量内生时，企业根据成本选择最优的质量水平。对于企业而言，在消费者进入市场之前，企业必须做出产品质量以及定价策略。用 Q 来代表产品质量，假设产品的生产成本为 $\frac{Q^2}{2}$，这一假设被学者广泛用于营销文献中(例如，Guo 和 Zhang，2012)。对于消费者而言，不同的消费者可能有不同的产品感知价值，为了刻画这一异质性，假设消费者的感知价值为独立同分布(i. i. d.)，其中 $V_h = HQ$，其概率为 α； $V_l = LQ$，其概率为 $1-\alpha$，其中 $H>L>0$。博弈顺序和基本模型一样。

4.2.1 单一价格策略

当企业选择固定价格策略时，在两阶段提供相同的产品并设定一个单一的价格 P。在达到筹资金额 T 启动项目时，两个消费者都支持项目，因此选择单一价格策略时企业将筹资金额设置为 $T=2P$。尽管 P 可以取任何的正值，但是由于消费者的产品保留价值是一个二点分布，企业为了自身利润最大化，最优

价格应为 $P = HQ_H$ 或者 $P = LQ_L$。因此，在固定价格策略下可以分为如下两种情况。

当企业选择 $P = HQ_H$ 价格策略时，相应的目标筹资金额设置为 $T^H = 2HQ_H$，这也就意味着企业只将产品卖给 H 型消费者。在 KIA 众筹模式下，当第一阶段消费者 B_1 为 H 型消费者时，购买的期望效用为 $\alpha * (HQ_H - HQ_H) + (1-\alpha)(HQ_L - HQ_H) \leqslant 0$，因此该消费者不会进行购买。同样，第二阶段消费者 B_2 也不会进行购买。当第一阶段消费者 B_1 为 L 型消费者时，由于其保留价格低于企业设置的价格，该消费者也不会进行购买。第二阶段消费者 B_2 观察到第一阶段消费者的投资信息，无论其属于高价值类型还是低价值类型，也不会进行购买。因此，在 KIA 模式下企业选择 $P = HQ_H$ 价格策略的期望利润为 $\Omega_{\mathrm{KIA}}^H = 0$。

当企业选择 $P = LQ_L$ 价格策略时，相应的目标筹资金额设置为 $T^L = 2LQ_L$，这也就意味着企业将产品卖给所有类型的消费者。由于项目始终都会筹得目标金额 T^L 并且启动，此时企业的利润为：$\Omega_{\mathrm{KIA}}^L = 2\left(LQ_L - \dfrac{{Q_L}^2}{2}\right)$。由一阶条件，将利润对 Q_L 求一阶导，可得 $Q_L = L$，相应的最优利润 $\Omega_{\mathrm{KIA}}^L = L^2$，产品价格 $P^L = L^2$。因此，在 KIA 众筹模式下企业选择 $P = LQ_L$ 定价策略时，企业设置产品价格为 $P^L = L^2$，产品质量为其利润为 L^2。

4.2.2　动态价格策略

当企业选择动态价格策略时，企业会在不同的阶段提供不同质量（Q_L，Q_H），其中 $Q_L < Q_H$，并且设定不同的价格，用 P_t^D 表示产品在不同阶段 t 时的价格，$t=1$，2。由于消费者的保留价格是一个二点分布，企业为了自身利润最大化，每一阶段的最优价格可设置为 LQ_L 或者 HQ_H。这样会有两种价格策略（P_1^D，P_2^D）=（LQ_L，HQ_H）或者（P_1^D，P_2^D）=（HQ_H，LQ_L），企业设置的目标筹资金额为 $T = LQ_L + HQ_H$。由于此时可能与顺序有关，因此，以下分两种情形讨论。

当企业选择（P_1^i，P_2^i）=（LQ_L，HQ_H）时，当第一阶段消费者 B_1 为 L 时，若其不进行购买则效用为 0，若其考虑购买则其期望效用为 $\alpha * 0 - (1-\alpha)LQ_L < 0$，因此其不会进行购买。第二阶段消费者 B_2 感知到这一举动也不会进行购买；当一阶段消费者 B_1 为 H 时，其期望效用为 $\alpha(HQ_L - LQ_L) - (1-\alpha)LQ_L = \alpha HQ_L - LQ_L$，当其期望效用大于等于零，即 $H/L \geqslant 1/\alpha$ 时，其会进行

购买，第二阶段消费者 B_2 为 H 时也会进行购买。此时企业的期望利润为 $\pi_{\text{KIA}}^{i1}=\alpha^2\left(LQ_L+HQ_H-\frac{Q_L^2}{2}-\frac{Q_H^2}{2}\right)$，分别对 Q_1、Q_2 求一阶导可得 $Q_L=L$，$Q_H=H$。此时企业的期望利润为 $\pi_{\text{KIA}}^{i1}=\frac{\alpha^2}{2}(H^2+L^2)$。

当企业选择 $(P_1^i,\ P_2^i)=(HQ_H,\ LQ_L)$ 时，当第一阶段消费者 B_1 为 L 时，其不会进行购买，第二阶段消费者 B_2 感知到这一举动也不会进行购买；当第一阶段消费者 B_1 为 H 时，感知到 B_2 一定会购买，因此 B_1 一定会进入市场；二阶段消费者 B_2 一定购买。此时企业的期望利润为 $\pi_{\text{KIA}}^{i2}=\alpha\left(HQ_H+LQ_L-\frac{Q_L^2}{2}-\frac{Q_H^2}{2}\right)$，由一阶条件可得 $Q_H=H$，$Q_L=L$。此时企业的期望利润为 $\pi_{\text{KIA}}^{i2}=\frac{\alpha}{2}(H^2+L^2)\geqslant\Omega_{\text{KIA}}^{i1}$

因此，企业始终会选择 $(P_1^i,\ P_2^i)=(H^2,\ L^2)$ 的价格策略顺序，对应的产品质量为 $(Q_H,\ Q_L)=(H,\ L)$，此时企业的期望利润为 $\pi_{\text{KIA}}^{i}=\frac{\alpha}{2}(H^2+L^2)$。

4.2.3 菜单价格策略

当企业选择菜单价格策略时，企业会在每一阶段同时提供两种质量不同的产品 Q_L 和 Q_H 给消费者进行选择，其价格分别为 P_L 和 P_H，其中 $Q_L<Q_H$，$P_L\leqslant LQ_L<P_H\leqslant HQ_H$。企业设置的目标筹资金额为 $T=P_L+P_H$。

根据与基本模型类似的分析可以知道，根据项目成功的不同情形可以分为如下六种情况：① B_1 为 L 型消费者时选择 P_L，此时若 B_2 为 H 型消费者则选择 P_H，B_2 为 L 型消费者则不投；B_1 为 H 型消费者时选择 P_H，此时无论 B_2 为 H 型还是 L 型消费者均选择 P_L。② B_1 为 L 型消费者时选择 P_L，此时若 B_2 为 H 型消费者则选择 P_H，B_2 为 L 型消费者则不投；B_1 为 H 型消费者时选择 P_H，此时若 B_2 为 H 型消费者则选择 P_H，B_2 为 L 型消费者则选择 P_L。③ B_1 为 L 型消费者时选择 P_L，此时若 B_2 为 H 型消费者则选择 P_H，B_2 为 L 型消费者则不投；B_1 为 H 型消费者时选择 P_L，此时若 B_2 为 H 型消费者则选择 P_H，B_2 为 L 型消费者则不投。④ B_1 为 L 型消费者时不进入市场，B_1 为 H 型消费者时选择 P_H，此时无论 B_2 为 H 型还是 L 型消费者均选择 P_L。⑤ B_1 为 L 型消费者时不进入市场，B_1 为 H 型消费者时选择 P_H，此时若 B_2 为 H 型消费者则选择 P_H，B_2 为 L 型消费者则选择 P_L。⑥ B_1 为 L 型消费者时不进入市场；B_1 为 H 型消费

者时选择 P_L，此时若 B_2 为 H 型消费者则选择 P_H，B_2 为 L 型消费者则不投。

结论 4.3：在 KIA 众筹模式下，若产品质量内生，最优菜单价格策略为 $(Q_H, P_H)=(H, H^2)$，相应的期望利润为 $\pi_{\text{KIA}}^{M}=\alpha H^2$。

结论 4.3 表明，当企业选择 KIA 众筹模式时，消费者的感知风险较大，这时若采用菜单价格策略，企业会完全获取高感知价值消费者的剩余价值，完全放弃获取低感知价值消费者的剩余价值，同时企业会通过降低预期筹资金额来降低高感知价值消费者的风险感知，从而帮助自身能够完全获取到两阶段 H 型消费者的剩余价值。这是因为若企业设置产品获取 L 型消费者的剩余价值，则不得不降低 P_H 来防止高感知价值消费者购买低端产品，并且此时由于预期筹资金额的增加带来项目成功可能性的降低，此两方面带来的利润减少要大于从 L 型消费者身上获取的利润增加。由此，企业选择放弃获取低感知价值消费者的剩余价值，同时通过降低预期筹资金额来完全获取到两阶段 H 型消费者剩余价值。目前已经有企业通过推出两款极端性产品的方式来获取更高利润，其中一款价格、质量极低甚至接近于零的产品用来吸引低感知价值消费者购买项目，此举并非为项目筹资，也不能带来利润，但是可以为项目创造极高的人气。另一款高价格、高质量的产品用来完全获取高感知价值消费者的剩余价值，同时通过降低预期筹资金额来减少消费者的感知风险促进高感知价值消费者购买，从而创造出可观的利润。

通过比较质量内生时 KIA 众筹模式下不同价格策略的期望利润，企业选择最佳价格策略如下：

结论 4.4：KIA 众筹模式下，企业会根据高消费者感知价值异质性的不同，选择不同的价格策略，具体如下：

①$1 \leqslant \dfrac{H}{L} \leqslant \sqrt{\dfrac{1}{\alpha}}$ 时，π_{KIA}^{L} 占优，企业会选择单一低价格策略；

②$\dfrac{H}{L} > \sqrt{\dfrac{1}{\alpha}}$ 时，π_{KIA}^{M} 占优，企业会选择菜单价格策略。

见图 4.3。

从结论 4.4 中可以获取到和结论 4.2(质量外生时价格策略比较)相类似的结论：菜单价格策略作为一种价格歧视的选择可以比采用统一价格策略获取更高的利润。但是与质量外生时不同的是，质量内生时动态价格策略不再占优，在一定条件下它依然能够获取比采用单一价格策略更高的利润 $\Big($如 $\dfrac{H}{L} \geqslant$

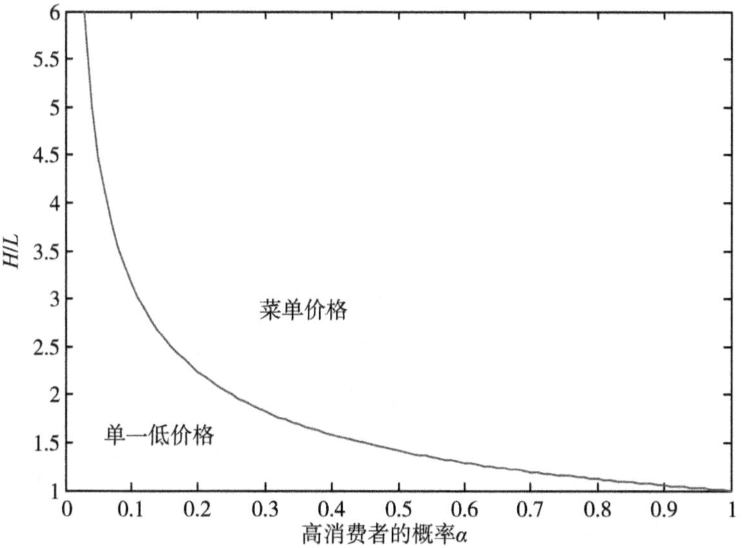

图 4.3 质量内生时最优价格策略

$\sqrt{\frac{2-\alpha}{\alpha}}$ 时，动态价格策略能获取比单一低价格策略更高的利润）。

从结论 4.4 中还可以看出企业在不同情况下的产品质量以及价格策略选择。当消费者为高感知价值的可能性较小（即 α 较小）或消费者感知价值异质性不明显（即 H/L 较小）时，企业采用单一低价格策略能够获取更高的利润，这是因为将目标瞄准高感知价值消费者所带来的利润增加不足以弥补项目成功率下降所导致的利润减少；当消费者为高感知价值的可能性较大（即 α 较大）或消费者感知价值异质性较大（即 H/L 较大）时，企业采用菜单价格策略能够获取更高的利润，这是因为将目标瞄准高感知价值消费者所带来的利润增加大于项目成功率下降和舍弃低感知价值消费者所导致的利润减少。

4.3 产品线质量差异的比较

为了探究 KIA 众筹模式对于产品线设计的影响，我们将结论 4.3 与传统情形进行比较，进而有如下结论。

引理 4.1：根据个人理性和激励相容，传统模式下产品线的价格和质量如下：

①$1 \leqslant \frac{H}{L} \leqslant \frac{1}{\alpha}$时，$(Q_H^T, P_H^T) = (H, H^2 - (1+\alpha)HL + L^2)$，$(Q_L, P_L) = \left(\frac{L-\alpha H}{1-\alpha}, \frac{(L-\alpha H)L}{1-\alpha}\right)$；

②$\frac{H}{L} > \frac{1}{\alpha}$时，$(Q_H, P_H) = (H, H^2)$，$(Q_L, P_L) = (0, 0)$

将结论 4.3 和引理 4.1 进行比较可以得到：

结论 4.5：相比传统情形，在 KIA 众筹模式下，产品质量差异更大。

相比于传统情形，KIA 众筹模式下，消费者的感知风险较大，企业利润构成更加依赖于 H 型消费者。企业从 L 型消费者身上获取的利润增加要小于降低 P_H 导致的利润减少，因此企业选择放弃从低感知价值消费者处获取利润，设置成本、价格、利润都可以忽略的低质量产品。通过降低预期筹资金额来降低模式本身给消费者带来的风险感知，获取市场中 H 型消费者的全部价值。而在传统情形下，消费者的感知风险较小，企业利润构成没有过分地依赖 H 型消费者，当消费者异质性较小时，企业从 L 型消费者身上获取的利润增加要大于降低 P_H 导致的利润减少，企业选择设置较高的低产品质量；当消费者异质性较大时，企业从 L 型消费者身上获取的利润增加要小于降低 P_H 导致的利润减少，企业选择放弃 L 型消费者，获取市场中 H 型消费者的全部价值，设置质量接近于零的低产品质量。因此，相比传统情形，KIA 众筹模式下，产品质量差异更大。

4.4　KIA 和 AON 的选择

通过比较各价格策略下不同众筹模式的期望利润，企业来决定各价格策略下的最佳众筹模式，结论总结如下：

结论 4.6：价格策略固定时，不同众筹模式下，企业最佳众筹模式选择如下：

(1)当企业选择单一高价格策略时，企业始终选择 AON 众筹模式，设置其产品价格以及质量为 $(P_H, Q_H) = (H^2, H)$ 且其利润为 $\alpha^2 H^2$。

(2)当企业选择单一低价格策略时，企业选择 AON 还是 KIA 众筹模式均可，企业设置产品价格以及质量为 $(P_L, Q_L) = (L^2, L)$，其利润始终为 L^2。

(3)当企业选择动态价格策略时，若企业选择$(P_1^i, P_2^i) = (H^2, L^2)$的价格策略顺序，对应的产品质量为 $(Q_1, Q_2) = (H, L)$，此时无论企业选择 AON

还是 KIA 众筹模式，企业的期望利润均为 $\frac{\alpha}{2}(H^2+L^2)$。

(4)在菜单价格策略下，企业会根据消费者的异质情况以及出现概率的不同，而选择不同的众筹模式，并且设置不同的价格以及产品质量组合。具体如下：

①当 $\alpha\in(0,\alpha_1]$，$1\leqslant\frac{H}{L}\leqslant c$ 或 $\alpha\in[\alpha_1,1)$，$1\leqslant\frac{H}{L}\leqslant d$ 时(区域 I)，企业选择 AON 众筹模式能获取更多利润。此时企业提供的两种产品分别为 $(Q_H,P_H)=(H,H^2-\alpha(H-L))$，$(Q_L,P_L)=((1+\alpha)L-\alpha H,(1+\alpha)L^2-\alpha HL)$，企业期望利润为 $\frac{\alpha(2-\alpha)}{2}[(1+\alpha^2)H^2-2\alpha(1+\alpha)HL+(1+\alpha)^2L^2]$。

②当 $\alpha\in[\alpha_1,1)$，$d\leqslant\frac{H}{L}\leqslant 2-\alpha$ 时(区域 II)，企业选择 AON 众筹模式能获取更多利润。此时企业提供的两种产品分别为 $(Q_H,P_H)=\left(H,\frac{(2-\alpha)H^2+(\alpha-3)HL+(2-\alpha)L^2}{1-\alpha}\right)$，$(Q_L,P_L)=\left(\frac{(2-\alpha)L-H}{1-\alpha},\frac{(2-\alpha)L^2-HL}{1-\alpha}\right)$，企业利润为 $\frac{\alpha(2-\alpha)}{1-\alpha}[H^2-2HL+(2-\alpha)L^2]$。

③当 $\alpha\in(0,\alpha_1]$，$\frac{H}{L}\geqslant c$ 或 $\alpha\in[\alpha_1,1)$，$\frac{H}{L}\geqslant 2-\alpha$ 时(区域 III)，企业选择 AON 或 KIA 众筹模式均可。此时企业提供的两种产品分别为 $(Q_H,P_H)=(H,H^2)$，$(Q_L,P_L)=(0,0)$，企业的期望利润为 αH^2。(其中，α_1 为 $\alpha^3-\alpha^2+3\alpha-1=0$ 在 $(0,1)$ 上的解，$c=\frac{(1+\alpha)\left[\sqrt{\alpha(2-\alpha)}-\alpha(2-\alpha)\right]}{\alpha(\alpha-1)^2}$，$d=\frac{\alpha^3+\alpha^2-3\alpha+3}{\alpha^3-\alpha^2+\alpha+1}$)。

由结论 4.6 我们可知，若企业选择单一高价格策略，AON 众筹模式能为企业带来更多利润，这是因为单一高价格策略下 KIA 模式给消费者带来很大的感知风险因而均不进行购买。若企业选择单一低价格策略，向两类型消费者获取相同的剩余价值，保证项目的成功性，这时消费者感知不到任何风险，均会进行购买，两类型众筹模式下企业获取相同的利润。若企业选择动态价格策略，则企业始终会选择 $(P_1^i,P_2^i)=(H^2,L^2)$ 的价格策略顺序，在该价格顺序下两类型众筹模式并不影响消费者行为，因此 AON 和 KIA 众筹模式所带来的利润相同。

若企业选择菜单价格策略，①当消费者为高感知价值的可能性较小（即 α 较小）或消费者感知价值异质性较小$\left(\text{即}\frac{H}{L}\text{较小}\right)$时，企业选择 AON 众筹模式能获得更高的利润。这是因为 KIA 众筹模式为了降低模式本身给消费者带来的风险，获取模式下的最大利润，不得不完全放弃 L 型消费者剩余价值、降低预期筹资金额，仅获取 H 型消费者多带来的利润，而此时 H 型消费者出现概率较小且对产品的感知价值不高，导致 KIA 众筹模式下企业获取的利润并不客观。相反 AON 众筹模式由于其本身对于消费者的低风险型，使其在此时能够选择完全获取 L 型消费者的剩余价值、获取部分 H 型消费者价值，L 型消费者所带来的利润增长要大于降低 P_H 所带来的利润下降，因此 AON 众筹模式下获取的利润更多。②当消费者为高感知价值的可能性较大（即 α 较大）或消费者感知价值异质性较大$\left(\text{即}\frac{H}{L}\text{较大}\right)$时，两种众筹模式下企业都选择仅完全获取 H 型消费者的剩余价值，因此 AON 和 KIA 众筹模式所获取的利润相同。这是因为此时若想要获取 L 型消费者剩余价值，降低 P_H 所带来的利润下降要大于 L 型消费者所带来的利润增长，因此企业均选择放弃从 L 型消费者身上获取利润，并且通过降低预期筹资金额以减小 H 型消费者的感知风险，从而使得企业能够完全获取两阶段 H 型消费者的完全剩余价值。

4.5　本章小结

本章通过两阶段的博弈理论模型，在 KIA 众筹模式下考虑企业最优的众筹目标和产品线设计策略。通过对单一产品下单一价格策略、动态价格策略和产品线下的菜单价格策略对比发现，当企业在每个阶段提供单一产品时，如果消费者异质性很强，动态价格策略优于单一价格策略；如果消费者异质性很低，单一价格策略优于动态价格策略。当企业通过产品线策略在每阶段提供多种产品时，通过合理的菜单设计，在个人理性和激励相容条件下，使得高价值的消费者投资较高价格的产品，低价值的消费者投资低价格的产品，这种菜单价格策略优于单一价格和动态价格策略。因此，在 KIA 模式下的多产品线策略可以有效实现众筹目标并获取较大利润。另一方面，和传统模式下产品线设计相比，KIA 众筹模式下的产品线质量差异更大。这些结论可以为采用 KIA 众筹模式的企业的产品线设计和定价策略提供指导和建议。

当众筹网站给企业提供 AON 和 KIA 两种众筹模式以供选择时，若企业选择单一高价格策略，则 AON 众筹模式能够带来更大利润，这是因为 KIA 模式下消费者感知风险太大而不进入市场。若企业选择单一低价格策略，则 AON 和 KIA 众筹模式所带来的利润相同，这是因为企业实施保守战略对每类消费者获取相同的剩余价值并且设置较低的预期筹资金额，消费者感知风险小，都对项目进行投资。若企业选择动态价格策略，则企业始终会选择 $(P_1^i, P_2^i)=(H^2, L^2)$ 的价格策略顺序，并且在该价格顺序下 AON 和 KIA 众筹模式所带来的利润相同。这是由 KIA 众筹模式所决定的，若选择 $(P_1^i, P_2^i)=(L^2, H^2)$，则 KIA 模式下一阶段 L 型消费因为感知风险太大而不进行购买，二阶段 L 型消费者因为产品价格高过感知价值而不进行购买，而在 $(P_1^i, P_2^i)=(H^2, L^2)$ 价格顺序下两种众筹模式的消费者行为相同。

若企业选择菜单价格策略，企业会根据消费者的异质情况以及出现概率的不同，而选择不同的众筹模式，并且设置不同的价格以及产品质量组合。①当消费者为高感知价值的可能性较小(即 α 较小)或消费者感知价值异质性较小$\left(\text{即}\frac{H}{L}\text{较小}\right)$时，企业选择 AON 众筹模式能获得更高的利润。这是因为 KIA 众筹模式为了降低模式本身给消费者带来的风险，获取模式下的最大利润，不得不完全放弃 L 型消费者剩余价值、降低预期筹资金额，仅获取 H 型消费者多带来的利润，而此时 H 型消费者出现概率较小且对产品的感知价值不高，导致 KIA 众筹模式下企业获取的利润并不客观，而此时 AON 众筹模式由于其低风险性，使其从两类型消费者身上均获取可观的利润。②当消费者为高感知价值的可能性较大(即 α 较大)或消费者感知价值异质性较大$\left(\text{即}\frac{H}{L}\text{较大}\right)$时，两种众筹模式下企业都选择仅完全获取 H 型消费者的剩余价值，因此 AON 和 KIA 众筹模式所获取的利润相同。

本章研究主要基于完全信息的情形考虑 KIA 众筹模式下消费者的投资决策问题以及相应的产品线设计和价格策略，下一章进一步考虑不完全信息情形下，企业如何合理操控不同阶段的投资信息，更大程度地激励消费者选择不同的投资金额，进而实现众筹目标收益的最大化。

第五章 顺序发布机制下众筹产品线的价格策略

5.1 顺序发布机制下价格策略

5.1.1 消费者的选择

设置两阶段市场模型，众筹发起过程在两阶段结束而终止，在每一阶段 t，一位消费者进入市场看到被发起的项目，在 t 阶段进入市场的消费者用 B_t 表示，其中 $t=1, 2$。项目达到目标筹资金额 T 时，两位消费者都必须参与投资。这用于模拟众筹中消费者的协同作用。实际生活中，所有的众筹项目需要很多的消费者投入资金，有很多原因支持，例如规模经济效应，能够降低产品的生产成本；从需求角度出发，产品须表现出积极的外部性，产品的价值足够高，则必定有很多的使用者。

产品的价值 v 分为高价值和低价值两种，$v \in \{L, H\}$，依据经典假设，当产品为低价值时，令 $L=0$，当产品为高价值时，令 $H=1$。企业和消费者都不知道产品的真实价值，产品的价值代表着消费者的偏好和产品特性的匹配程度，企业并不知道消费者的偏好，而消费者也不知道产品的实际特性。消费者在 t 阶段进入市场，对产品价值的先验认知为 λ_t，$\lambda_t \in (0, 1)$。消费者的效用函数为 $U=v-P$，其中 v 代表产品价值，P 代表产品价格，当 $U \geqslant 0$ 时消费者选择投入，否则放弃投入，此时效用为 0。

当消费者 B_t 进入市场，一个随机信号 S_t 会生成并被消费者所接收，S_t 属于消费者 B_t 的私人信号，其他消费者无法直接看到。信号的发布取决于产品的真实价值，不同的消费者收到的信号都是独立同分布。用 $S_t \in \{L, H\}$ 来代表信号的可能含义，$S_t=L$ 代表这是一个坏的信号，$S_t=H$ 代表这是一个好信号。依据经典假设(例如 Liu T，2011)，设定：

$$\text{Prob}(S_t = H/v = 1) = \text{Prob}(S_t = L/v = 0) = q$$

q 的范围为 $q \in (0.5, 1)$，这意味着当消费者收到一个 H 信号时，相对于收到一个 L 信号，该产品更有可能是一个高价值的产品，系数 q 被称为信号的准确度，属于共同知识，系数 q 与消费者的身份无关。

每一个消费者最多只能进行一次投资，因此决策规则很简单，当消费者进入市场时，他的决策取决于先验认知和私人信号的综合作用，即先验认知在私人信号的影响后所形成的后验认知，只有当后验认知大于或者等于价格时，才会进行投资。

依据贝叶斯公式①，假定先验认知为 λ，消费者 B_t 接收 L 信号，其后验认知为：

$$\lambda^L(\lambda) \equiv \Pr(v = 1/\lambda,\ S_t = L) = \frac{\lambda(1-q)}{\lambda(1-q) + (1-\lambda)q}$$

同理，消费者 B_t 接收 H 信号，则后验认知为：

$$\lambda^H(\lambda) \equiv \Pr(v = 1/\lambda,\ S_t = H) = \frac{\lambda q}{\lambda q + (1-\lambda)(1-q)}$$

因此，消费者 B_t 先验认知为 λ，进入市场后，依据消费者的效用函数，当收到一个 H 型的私人信号，最大意愿的支付价格为 $\lambda^H(\lambda)$，若收到的为 L 型的私人信号，则最大意愿的支付价格为 $\lambda^L(\lambda)$。

5.1.2　企业的决策

企业发起众筹项目，在消费者进入市场前，需要确定信息的发布机制和定价策略，并且预设筹资目标 T，当筹资金额达到 T 时项目才会启动，并通过众筹平台展示相关信息。对于信息发布机制，当企业采用顺序发布机制时，第一阶段消费者 B_1 进入市场，依据先验认知和私人信号做出决策，随后企业将 B_1 的投资行为进行公布，包括投资金额，当 B_2 进入市场，一方面会收到属于自己的私人信号，另一方面会观察到前一阶段消费者的投资行为，包括投资金额，最后进行决策。当采用同时发布机制时，第一阶段的消费者做出决策后，企业并不会将其投资行为进行公布，而是在众筹结束后统一公布，那么第二阶段的消费者 B_2 进入市场，无法观察前期消费者的投资行为，只能根据自己的私人信号做出决定。在定价策略方面，企业有四种价格策略可供选择，分别为：单一高价格策略、单一低价格策略、动态价格策略和菜单价格策略四种不

① Liu T, Schiraldi P. New product launch: herd seeking or herd preventing? [J]. Economic Theory, 2012, 51(3): 627-648.

同的类型，企业的问题是如何实现众筹利润的最大化。

5.1.3　博弈顺序

（ⅰ）企业确定产品定价策略，并且设定预期筹资金额 T；

（ⅱ）第一阶段的消费者进入市场，接收关于产品价值的私人信号，做出投标决策；

（ⅲ）企业观察到第一阶段消费者的投资行为并决定公布这一信息，包括是否投资以及具体的投资金额；

（ⅳ）第二阶段的消费者进入市场，观察到企业发布的第一阶段众筹信息，并接收自己私人信号，做出投标决策；

（ⅴ）企业根据筹集到的资金，决定是否启动项目。

企业在第一阶段结束发布消费者的投资信息，显然，第二个消费者可以看到第一个消费者的信息，虽然不能直接观察到第一阶段消费者接收的价值信号，但在某些情境下可以通过投资价格推测出 B_1 接收的信号，此时第二阶段消费者会同时受到 B_1 的信号和自身接收的信号的影响，在信号推测的作用下，形成消费者之间的相互学习，更有助于对产品真实价值的推断。首先对第一阶段消费者的行为进行讨论，B_1 对产品价值的评估取决于接收私人信号后形成的后验认知，因接收 H 信号或 L 信号形成最高意愿的投资价格形成两点分布 $\lambda^H(\lambda)$ 或 $\lambda^L(\lambda)$，假设第一阶段的价格设定为 P，因此当 $P \leqslant \lambda^L(\lambda)$ 时，第一阶段的消费者无论接收到 H 信号还是 L 信号始终参与投资，此时 B_2 无法判断 B_1 的信号，当 $P > \lambda^L(\lambda)$，那么消费者当且仅当接收 H 信号才会选择购买，收到 L 信号则会放弃购买，所以后一阶段的消费者 B_2 会根据 B_1 的行为进行推测，形成信号传递作用，推动消费者的社会学习。但同时，众筹不同于传统的购买决策，在众筹情景中需要两个阶段的消费者的协同作用，当第一阶段的消费者投资高价格时，也会容易引起第二阶段消费者的搭便车行为。

5.2　顺序发布下的各价格策略分析

企业的价格策略分为四种，具体为单一高价格策略、单一低价格策略、动态价格策略和菜单价格策略。

单一价格策略是指项目的发起者在项目的不同阶段设定一个统一的价格，即不同的阶段产品的价格保持相同且唯一。考虑到众筹的协同作用，我们设定两阶段消费者都要进行投标项目方能开展，因此在单一价格策略下，价格设置

为 P，目标金额设置为 $T=2P$，在 P 的选择方面，因消费者接收 H 信号和 L 信号后对产品价值形成的后验认知为 $\lambda^H(\lambda)$ 和 $\lambda^L(\lambda)$，呈现两点分布状态，所以 P 的最佳设置为 $P=\lambda^H(\lambda)$ 或 $P=\lambda^L(\lambda)$，因此单一价格策略又可分为：单一高价格策略和单一低价格策略两种不同的类型。动态价格策略是指企业在不同的阶段提供不同的价格，众筹两个阶段的价格不同。菜单价格策略是指企业在每个阶段提供两种不同的价格供消费者进行决策，但不同阶段价格策略相同。

5.2.1 单一高价格策略

项目发起者将目光瞄准接收 H 信号的消费者，则会选择单一高价格策略，此时 $P^H=\lambda^H(\lambda)$，企业将预期筹资金额设置为 $T^H=2\lambda^H(\lambda)$，当消费者接收到 H 信号时，才会发起投资，若消费者接收到 L 信号，则消费者拒绝投入。

第一阶段的消费者 B_1 接收到 H 信号时，则会进行投资，第二阶段的消费者 B_2 进入市场观察到第一阶段消费者的投资行为，并能够推测出第一阶段的消费者所接收的信号为 H，在信号推测的作用下，形成社会学习，若 B_2 接收的私人信号为 H，则 B_2 的后验认知为 $\lambda^H(\lambda^H(\lambda))$，因 $\lambda^H(\lambda^H(\lambda)) \geqslant P^H$，因此 B_2 选择进行投资，若 B_2 接收的私人信号为 L，则 B_2 的后验认知为 $\lambda^L(\lambda^H(\lambda))$，利用函数求解可得 $\lambda^L(\lambda^H(\lambda))=\lambda$，因 $\lambda < P^H$，因此 B_2 放弃投资，项目失败。

第一阶段的消费者 B_1 接收到 L 信号时，则会放弃投资，此时第二阶段的消费者观察到第一阶段消费者的投资行为，也会放弃投资。

在单一高价格的策略设置下，当且仅当两个阶段的消费者都接收 H 信号，项目方能成功，消费者接收 H 信号的概率为 $\mathrm{P_r}(S_H/\lambda)$，由此可知，项目成功的概率为 $\mathrm{P_r^2}(S_H/\lambda)$。

因此，单一高价格策略下，企业的期望利润为：

$$\pi_{\mathrm{seq}}^H = \mathrm{P_r^2}(s_H/\lambda) * 2\lambda^H(\lambda)$$

5.2.2 单一低价格策略

项目发起者将接收 L 信号的消费者作为目标人群，则会选择单一低价格策略，此时 $P^L=\lambda^L(\lambda)$，企业将预期筹资金额设置为 $T^L=2\lambda^L(\lambda)$，因企业将价格设置较低，此时无论是接收 H 信号还是 L 信号的消费者都会选择投入。

若第一阶段的消费者 B_1 接收 H 信号，会发起投资，第二阶段的消费者 B_2 进入市场观察到第一阶段消费者的投资行为，因为一阶段消费者选择投入，其接收 H 信号或 L 信号都有可能，此时 B_2 无法推断 B_1 所接收的信号，社会学习中止。B_2只能依据自己接收的私人信号进行决策，当接收为 H 信号时，后验认知为$\lambda^H(\lambda)$，若接收 L 信号，后验认知为$\lambda^L(\lambda)$，因此B_2始终会投入。

若第一阶段的消费者B_1接收 L 信号，同样发起投资，第二阶段消费者B_2因社会学习中止，只能依据自己的私人信号决定是否购买，因价格设置低，B_2无论接收的信号是什么始终都会购买。

通过上述分析，可发现在单一低价格策略下，两个阶段的消费者无论接收 H 信号还是 L 信号始终都会参与投资行为，此时项目成功的概率为 1。

因此，单一低价格策略下，企业的期望利润为：

$$\pi_{\text{seq}}^{L} = 2\lambda^{L}(\lambda)$$

5.2.3 动态价格策略

动态价格策略是指企业在不同的阶段提供不同的价格，按照前面的逻辑，消费者在接收 H 信号或 L 信号方面呈现两点分布，因此在两阶段模型中，项目发起者可以每一阶段针对一种特定类型的消费者。因此，会存在两种不同的价格设置：第一，第一阶段针对接收 H 信号的消费者，第二阶段针对接收 L 信号的消费者；第二，第一阶段针对接收 L 信号的消费者，第二阶段针对接收 H 信号的消费者。笔者用P_t^D表示在不同的阶段t，$t=1$，2 所设置的价格，因此对应的两种价格策略可以表示为$(P_1^D, P_2^D)=(P_H, P_L)$或$(P_1^D, P_2^D)=(P_L, P_H)$，两个阶段的不同价格表现为一高一低，高价格时当且仅当消费者收到 H 信号时才会投入，而低价格设置为消费者接收 H 信号或 L 信号都会选择投入。考虑两个消费者都必须投入项目方能启动，设定企业的目标筹资金额为$T^D=P_H+P_L$。

情景一，价格设定为$(P_1^D, P_2^D)=(P_H, P_L)$。

若第一阶段的消费者B_1接收 H 信号，此时消费者选择投P_H，随后第二阶段的消费者B_2进入市场，首先从企业公布的第一阶段消费者的投资行为，推测第一阶段的消费者B_1接收的为 H 信号，社会学习发挥作用，此时B_2结合自己所接收的私人信号进行决策，若第二阶段的消费者B_2接收的为 H 信号，因B_1所接收 H 信号影响，其推断产品为高价值产品的可能性为$\lambda^H(\lambda^H(\lambda))$，同理若第二阶段的消费者$B_2$接收的为 L 信号，原本在私人信号的影响下后验认知为$\lambda^L(\lambda)$，但受第一阶段 H 信号的影响，后验认知提升为$\lambda^L(\lambda^H(\lambda))=\lambda$，判断产品为高价值产品的可能性得到了增加。同时，若第一阶段的消费者B_1接收 L 信号，此时消费者选择不投，第二阶段的消费者观察到企业公布的B_1

消费者的投资行为，也会选择不投。由此可得，$P_H \leq \lambda^H(\lambda)$，同理 $P_L \leq \lambda$，企业是风险中性的，因此，从利润最大化的角度出发，会设置第一阶段的价格 $P_H = \lambda^H(\lambda)$，第二阶段的价格 $P_L = \lambda$，因此整体价格设置为 $(P_1{}^D, P_2{}^D) = (\lambda^H(\lambda), \lambda)$，$T^D = \lambda^H(\lambda) + \lambda$，此时当且仅当第一阶段的消费者收到 H 信号，项目才能成功，因此项目发起的概率为 $\mathrm{P_r}(S_H/\lambda)$。

因此，企业的期望利润为：

$$\pi_{\text{seq}}^{D1} = \mathrm{P_r}(s_H/\lambda) * (\lambda^H(\lambda) + \lambda)$$

情景二，价格设定为 $(P_1{}^D, P_2{}^D) = (P_L, P_H)$。

第一阶段制定的价格针对的为接收 L 信号的消费者，因此消费者 B_1 进入市场后无论接收的私人信号的类型，始终都会选择购买，此时消费者接收 H 信号后验认知为 $\lambda^H(\lambda)$。接收到 L 信号推断产品为高价值类型的概率为 $\lambda^L(\lambda)$。因第一阶段价格设置 $P_L \leq \lambda^L(\lambda)$，此时第二阶段的消费者 B_2 进入市场后，无法通过观察第一阶段消费者 B_1 的投资行为推断其接收的质量信号，在价值信号无法传递的情况下，B_2 只能依据自己接收的私人信号进行决策，当收到 H 信号，后验认知为 $\lambda^H(\lambda)$，收到 L 信号后验认知为 $\lambda^L(\lambda)$，第二阶段的价格设定是将接收 H 信号的消费者作为目标人群，此时 B_2 只有接收 H 信号，才会选择投入，若接收的为 L 信号，则选择不投。因此 $P_H \leq \lambda^H(\lambda)$，$P_L \leq \lambda^L(\lambda)$，企业在设定价格时，坚持利润最大化原则，设定第一阶段的价格为 $\lambda^L(\lambda)$，第二阶段的价格为 $\lambda^H(\lambda)$，此时目标筹资金额 $T^D = \lambda^H(\lambda) + \lambda^L(\lambda)$，$(P_1^D, P_2^D) = (\lambda^H(\lambda), \lambda^L(\lambda))$，项目当且仅当第二阶段的消费者 B_2 接收 H 信号才能成功，B_2 接收 H 信号的概率为 $\mathrm{P_r}(S_H/\lambda)$，因此项目成功的概率为 $\mathrm{P_r}(S_H/\lambda)$。

因此，企业的期望利润为：

$$\pi_{\text{seq}}^{D2} = \mathrm{P_r}(s_H/\lambda) * (\lambda^H(\lambda) + \lambda^L(\lambda))$$

通过对两种情景所形成的利润进行分析，发现两种价格策略中，项目成功的概率和高价格的设置保持一致，但是低价格不相同，第一种价格策略中因信号传递形成社会学习的作用，导致 B_2 愿意出更高的价格 λ，而在第二种价格策略中，因低价格的设置阻碍了社会学习，消费者仅受到私人信号的影响，此时低价格设定为 $\lambda^L(\lambda)$，因为 $\lambda \geq \lambda^L(\lambda)$，所以第一种价格策略形成的利润大于等于第二种策略的利润恒成立，因此，企业始终选择 $(P_1^D, P_2^D) = (P_H, P_L)$ 的价格顺序，即在第一阶段针对接收 H 信号的消费者设置高价格，在第二阶段针对接收 L 信号的消费者设置低价格。由此可得，$(P_1^D, P_2^D) = (\lambda^H(\lambda), \lambda)$，

目标筹资金额为 $T^D=\lambda^H(\lambda)+\lambda$。

此时，动态价格策略下，企业的期望利润为：

$$\pi_{seq}^{D}=P_r(s_H/\lambda)*(\lambda^H(\lambda)+\lambda)$$

5.2.4　菜单价格策略

菜单价格策略是指企业在不同的阶段制定相同的价格策略，但是每个阶段提供两种不同的价格给消费者进行决策，笔者设定高价格和低价格分别为 P_H^M 和 P_L^M，此时 $P_L^M\leqslant\lambda^L(\lambda)\leqslant P_H^M\leqslant\lambda^H(\lambda)$，为保证至少有一个消费者愿意出高价格，设定预期筹资金额为高价格和低价格的和，即 $T^M=P_L^M+P_H^M$。

笔者讨论的模型基于质量外生的基础，即消费者支付不同的价格来获取相同质量或相同价值的产品，形成价格歧视，这种差别定价的策略在传统的模式中是不可取的，因为消费者为理性的，为实现效用最大化通常选择低价格。但众筹不同于传统的消费模式，一方面消费者根据自身的效用函数决定投资策略，但另一方面，众筹的成功需要消费者的协同作用，为保证项目的成功，则消费者不得不投入高价格。简而言之，消费者的行为会影响另外一个消费者的期望效用，为促使消费者追求个人利益的同时，保证企业实现集体价值最大化目标，笔者采用激励相容的原则来探讨消费者的决策和企业价格的制定。

为获取最优菜单策略，笔者采用倒叙归纳法。在第二阶段 $t=2$，消费者 B_2 观察到第一阶段消费者 B_1 的投资决策，同时根据自己的私人信号进行决策。特别是，当第一阶段消费者 B_1 投入高价格 P_H^M，尽管消费者 B_2 能够推测出前一消费者 B_1 接收的为 H 信号，在项目成功有保障的前提下，遵循效用最大化的原则，则 B_2 无论接收 H 信号还是 L 信号始终只会投 P_L^M。若第一阶段消费者 B_1 投入低价格 P_L^M，第二阶段消费者 B_2 进入市场后观察 B_1 的投资行为，考虑到 B_1 接收 H 信号或 L 信号都有可能投 P_L^M，因此无法推测出 B_1 质量信号类型，此时信号传递无法发挥作用，B_2 依据自身的私人信号进行决策，在接收 H 信号时为保证项目的成功投 P_H^M，在接收 L 信号时选择不投，因为即使投 P_L^M 项目也会失败。

然后回归第一阶段 $t=1$，对消费者 B_1 进行深度分析，如果 B_1 接收的为 L 信号，此时始终只会投入 P_L^M，若 B_1 接收的为 H 信号，则有两个选择 P_L^M 和 P_H^M，如果 B_1 选择低价格 P_L^M，会获得一个较高的消费者剩余 $\lambda^H(\lambda)-P_L^M$，但项目的成功率较低为 $P_r(S_H/\lambda)$，如果 B_1 选择投入高价格策略 P_H^M，会获得一个相对较低的消费者剩余 $\lambda^H(\lambda)-P_H^M$，但此时项目成功的概率为 1。若第一阶

段消费者 B_1 接收的信号为 H 型，其推断产品为高价值的后验认知为 $\lambda^H(\lambda)$，则其始终投高价格 P_H^M 的激励相容的条件为：

$$P_r(s_H/\lambda) * [\lambda^H(\lambda) - P_L^M] \leq \lambda^H(\lambda) - P_H^M$$

通过对菜单策略下消费者行为的归纳，可以发现项目的发起者可通过对 P_H^M 的价格设定来影响消费者的决策，存在两种不同的情况：①第一阶段消费者 B_1 接收 L 信号，选择投资低价格 P_L^M，此时第二阶段消费者 B_2 接收 H 信号，为实现项目发起成功，则会投高价格 P_H^M，若 B_2 接收的信号为 L 型，则 B_2 拒绝投入，因为即使投入 P_L^M，项目也会失败。第一阶段消费者 B_1 接收 H 信号，若选择投高价格 P_H^M，则第二阶段消费者 B_2 虽能预估出 B_1 接收的为 H 信号，但在项目成功有保障的前提下，根据消费者效用最大的原则，无论自身接收的私人信号为 H 还是 L，结合 B_1 的 H 信号，始终只会投 P_L^M。②第一阶段消费者 B_1 接收 L 信号，选择投资低价格 P_L^M，此时第二阶段消费者 B_2 接收 H 信号，为实现项目发起成功，则会投高价格 P_H^M，若 B_2 接收的信号为 L 型，则 B_2 拒绝投入，因为即使投入 P_L^M，项目也会失败。第一阶段消费者 B_1 接收 H 信号，若选择投低价格 P_L^M，则第二阶段消费者 B_2 观察到第一阶段消费者的投资行为，无法推断其接收的信号类型，只能依据自身接收的私人信号做出决策，若 B_2 接收 H 信号则投入高价格 P_H^M，若接收的为 L 信号则选择不投。

因此可看出，在菜单价格策略中，因为 P_L^M 的价格设置干扰了信号的传递，另外一方面因为搭便车效应的存在，即 B_1 接收 H 信号投高价格 P_H^M 时，B_2 即使推断第一阶段消费者的类型，也会始终投 P_L^M，搭便车和 P_L^M 的价格设置致使信号传递和社会学习提高消费者投入在菜单策略中的作用没有发挥。

笔者通过对菜单价格策略中的两种情景分析，可得到两种不同的价格设置：

第一，当 B_1 接收 H 信号，始终选择投高价格 P_H^M，结合激励相容的条件，此时低价格 $P_L^{M1} = \lambda^L(\lambda)$，高价格 $P_H^{M1} = \lambda^H(\lambda) - P_r(S_H/\lambda) * [\lambda^H(\lambda) - \lambda^L(\lambda)]$，通过对消费者行为模拟可得项目成功的概率为 $P_r(S_L/\lambda) * P_r(S_H/\lambda) + P_r(S_H/\lambda)$。

因此，第一种菜单价格策略下，企业的期望利润为：

$$\pi_{seq}^{M1} = [P_r(S_L/\lambda) + 1] * P_r(S_H/\lambda) * (P_L^{M1} + P_H^{M1})$$

第二，当 B_1 接收 H 信号，始终选择投低价格 P_L^M，依据激励相容条件，此时价格设置为：低价格 $P_L^{M2} = \lambda^L(\lambda)$，高价格 $P_H^{M2} = \lambda^H(\lambda)$，根据前面的推导项

目成功的概率为 $P_r(S_L/\lambda) * P_r(S_H/\lambda) + P_r(S_H/\lambda) * P_r(S_H/\lambda)$，化简可知项目成功的概率即为 $P_r(S_H/\lambda)$。

因此，第二种菜单价格策略下，企业的期望利润为：

$$\pi_{\text{seq}}^{M2} = P_r(S_H/\lambda) * [\lambda^L(\lambda) + \lambda^H(\lambda)]$$

结论 5.1：通过对两种菜单策略形成的期望利润进行比较，使用 Matlab 工具对菜单策略的利润差进行数值模拟，大致能够推断出两种策略占优的范围区间，得出菜单策略下最优的价格设置和期望利润。结果如图 5.1 所示。

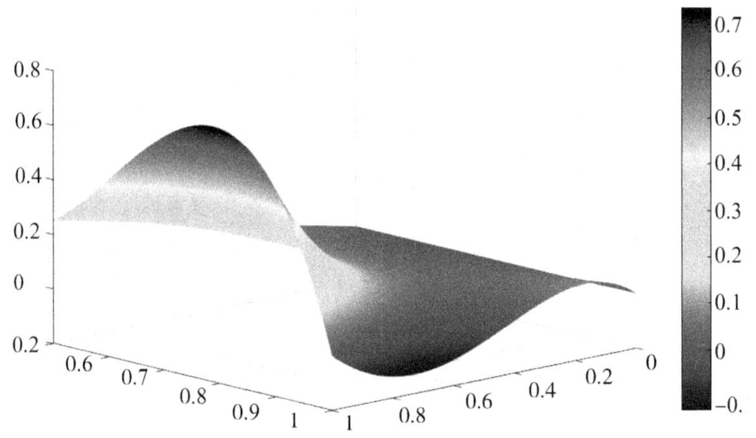

图 5.1　顺序发布下企业菜单策略形成的两种期望利润的差值

顺序发布机制下，当企业选择菜单价格策略时，会根据消费者的先验认知和信号准确度的不同，设置不同的价格策略。根据图 5.1 可得，具体如下：

①当 q 偏低或 q 很高且 λ 偏低时，企业的设置要求：第一阶段消费者在接收 H 信号时选择 P_H^M，第二阶段消费者无论接收 H 信号还是 L 信号始终只会投 P_L^M，此时企业的利润最大，企业设置的价格策略和期望利润分别为：

$$(P_L^M, P_H^M) = \left(\frac{\lambda(1-q)}{\lambda(1-q)+(1-\lambda)q}, \frac{\lambda^3(2q-1)^2 - 2\lambda^2(2q-1)^2 + \lambda(1-3q+3q^2)}{[\lambda q+(1-\lambda)(1-q)][\lambda(1-q)+(1-\lambda)q]}\right)$$

$$\pi_{\text{seq}}^{M1} = \frac{-\lambda^4(2q-1)^3 + \lambda^3(2q-1)^2(6q-2)}{\lambda(1-q)+(1-\lambda)q} + \frac{\lambda^2(2q-1)(-9q^2+3q+1) + \lambda(4q^3-q^2-3q+2)}{\lambda(1-q)+(1-\lambda)q}$$

②当 q 很高，λ 很大时，企业的设置要求：第一阶段消费者在接收 H 信号时选择 P_L^M，第二阶段消费者接收 H 信号时投 P_H^M，此时企业的利润最大，企业设置的价格策略和期望利润分别为：

$$(P_L^M,\ P_H^M) = \left(\frac{\lambda(1-q)}{\lambda(1-q)+(1-\lambda)q},\ \frac{\lambda q}{\lambda q+(1-\lambda)(1-q)}\right)$$

$$\pi_{\text{seq}}^{M2} = \frac{-\lambda^2(2q-1)^2+\lambda(1-2q+2q^2)}{\lambda(1-q)+(1-\lambda)q}。$$

若企业欲使第一阶段进入市场接收 H 信号的消费者出资 P_H^M 从而提高项目成功的可能性，则必须降低 P_H^M 到激励相容条件来提高消费者选择 P_H^M 的效用，从而避免消费者选择 P_L^M。在此基础上，项目成功的可能性得到了提升，但同时企业只获取了接收 H 信号消费者的部分剩余价值，此时，只有当消费者接收 H 信号可能性不够高时，才能实现以项目成功率提高所带来的利润增长弥补 P_H^M 的降低导致的利润减少。

因此，当消费者接收 H 信号的可能性不够高时，企业通过选择降低 P_H^M 来提高项目的成功率，当消费者接收 H 信号的可能性足够高时，企业则会选择放弃第一阶段接收 H 信号的消费者的部分剩余价值，转而获取第二阶段接收 H 信号的消费者的全部剩余价值。

消费者接收 H 信号的概率为 $P_r(S_H/\lambda)=\lambda q+(1-\lambda)(1-q)$①，通过对先验认知 λ 和信号的准确度 q 进行分析，可以发现，当先验认知 λ 较高时，消费者进入市场推断产品为高价值的可能性非常大，此时若信号的准确度 q 高，则消费者接收 H 信号的概率也会随之变大。因此，当 λ 很大，q 很高时，消费者接收 H 信号的可能性非常大，则企业不会降低 P_H^M，而是选择获取第二阶段接收 H 信号的消费者的全部剩余价值。当 λ 很低，q 很高时，此时消费者进入市场推断产品为低价值的可能性非常高，且在信号准确度高的情况下，消费者接收 L 信号的可能性非常大。当 q 的准确度不高时，此时消费者接收 H 信号和 L 信号是较为随机的，则消费者接收 H 信号的可能性不够高。在这两种消费者接收 H 信号不高的情况下，企业会选择降低 P_H^M 来提高项目成功的可能性获取更大利润。

① Bhalla M. Waterfall Versus Sprinkler Product Launch Strategy: Influencing the Herd[J]. Journal of Industrial Economics, 2013, 61(1): 138-165.

5.3　最佳价格策略分析

1. 对顺序发布下不同策略的期望利润进行比较，由此企业选择最佳价格策略。笔者首先对单一高价格策略、单一低价格策略和动态价格策略三种价格策略的利润进行比较，可得：

①$q \in \left(\frac{1}{2}, \frac{2}{3}\right]$，$\lambda \in [0, 1)$ 或 $q \in \left(\frac{2}{3}, 1\right)$，$\frac{\sqrt{q^2+10q-7}+q-1}{2(2q-1)} < \lambda < 1$ 时，单一低价格策略占优；

②$q \in \left(\frac{2}{3}, 1\right)$，$0 < \lambda < \frac{\sqrt{q^2+10q-7}+q-1}{2(2q-1)}$ 时，动态价格策略占优。

见图 5.2。

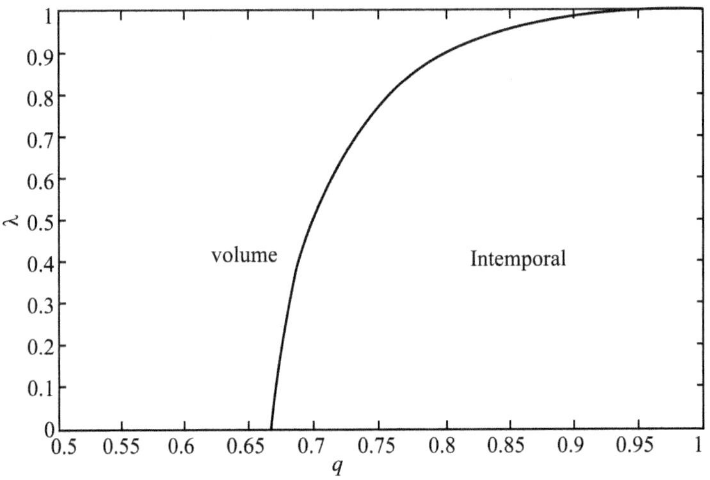

图 5.2　顺序发布下企业对单一高价格、单一低价格、动态价格三种策略的选择

2. 为进一步判断顺序发布机制下菜单策略的占优情况，笔者用 Matlab 工具进行数值模拟，将菜单策略的期望利润与单一低价格策略和动态价格策略分别进行比较，大致能够推断出策略占优的范围区间。

(1)菜单策略与单一低价格策略的利润比较

笔者将菜单策略的利润减去单一低价格策略，通过对图形的归纳总结，判断区域中大于 0 和小于 0 的部分，大致可知当 q 比较高，λ 非极度大时，相应区域显示大于 0，其他区域皆小于等于 0。因此：

①当 q 比较高，λ 非极度大时，菜单策略优于单一低价格策略。

②当 q 比较低或 λ 极度大时，单一低价格策略优于菜单策略。

见图 5.3。

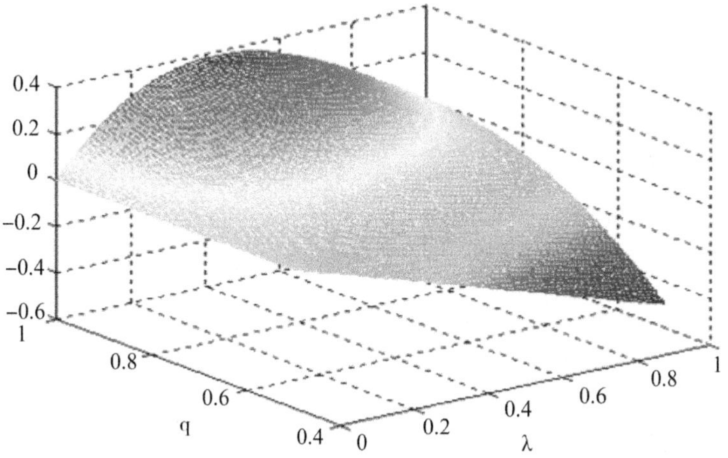

图 5.3　顺序发布下企业菜单策略与单一低价格策略的期望利润比较

(2)菜单策略与动态价格策略的利润比较

笔者将菜单策略的利润减去动态价格策略，通过对图形的归纳总结，判断区域中大于 0 和小于 0 的部分，大致可知当 q 很低时，图形为大于 0，其他区域皆小于等于 0。因此：

①当 q 很低时，菜单策略优于动态价格策略。

②当 q 比较大时，动态价格策略优于菜单策略。

见图 5.4。

3. 将上述三个图形结合来看，大致可以看出菜单价格策略占优的区间很小或者说几乎没有，因此我们得到以下结论。

结论 5.2：在顺序发布机制下，企业会根据消费者的先验认知和信号准确度的不同，选用不同的最佳价格策略，但四种价格策略占优的只有：单一低价格策略和动态价格策略。具体如下：

①$q \in \left(\frac{1}{2}, \frac{2}{3}\right]$，$\lambda \in [0, 1)$ 或 $q \in \left(\frac{2}{3}, 1\right)$，$\frac{\sqrt{q^2 + 10q - 7} + q - 1}{2(2q - 1)} < \lambda < 1$ 时，顺序发布机制下，企业始终选择单一低价格策略，企业价格设置

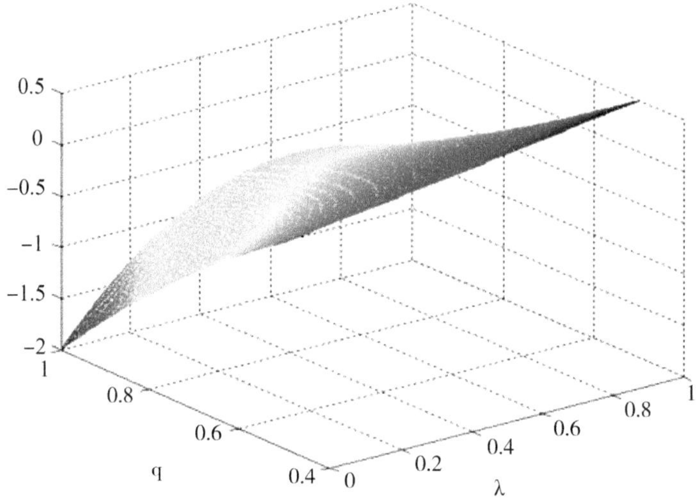

图 5.4　顺序发布下企业菜单策略与动态价格策略的期望利润比较

和期望利润分别为：

$$P^L = \frac{\lambda(1-q)}{\lambda(1-q)+(1-\lambda)q};\quad \pi_{\text{seq}}^L = \frac{2\lambda(1-q)}{\lambda(1-q)+(1-\lambda)q}$$

②$q \in \left(\frac{2}{3},\ 1\right)$，$0 < \lambda < \frac{\sqrt{q^2+10q-7}+q-1}{2(2q-1)}$时，顺序发布机制下，企业选择动态价格策略，企业价格设置和期望利润分别为：

$$(P_1^D,\ P_2^D) = \left(\frac{\lambda q}{\lambda q+(1-\lambda)(1-q)},\ \lambda\right);\quad \pi_{\text{seq}}^D = \lambda^2(2q-1)+\lambda$$

见图 5.5。

结论 5.2 表明有两种价格策略可以占优，首先动态价格策略的期望利润始终高于单一高价格策略，单一高价格策略不占优。原因在于单一高价格策略设置的价格以及预期筹资金额很高，使得消费者面临项目不成功的风险很大。而动态价格策略，获取了第一阶段接收 H 信号消费者的全部剩余价值，同时因顺序发布机制下高质量信号的传递作用，提高了第二阶段消费者的支付价格，因此，动态策略下企业获取了一个相对更高的剩余价值。单一高价格策略与动态价格策略相比，因将全部目光瞄准接收 H 信号的消费者所带来的利润增加难以弥补项目成功率的下降所导致的利润减少，致使单一高价格策略不占优。

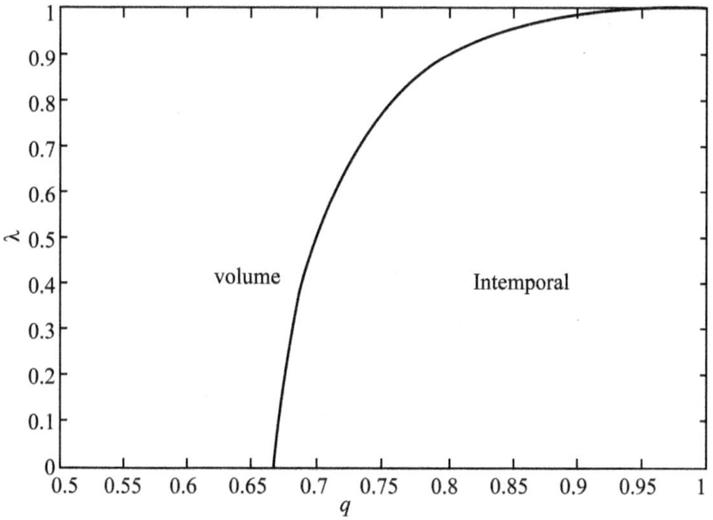

图 5-5 顺序发布下企业最优价格策略的选择

5.4 本章小结

当信号的准确度 q 很低或消费者的先验认知 λ 很高时，企业采用单一低价格策略能获取更多的利润。当信号的准确度 q 很低时，消费者接收 H 信号难以确信这是一个高价值的产品，同理，消费者接收 L 信号难以保证这是一个低价值的产品，导致消费者接收 H 信号愿意支付的价格和接收 L 信号愿意支付的价格较为相似，即接收 H 信号的消费者的剩余价值和接收 L 信号的消费者的剩余价值很接近，此时无论是动态价格策略还是菜单策略，即使获取了接收 H 信号的消费者的剩余价值，也无法弥补因项目成功率的下降所导致的利润的减少。当消费者的先验认知 λ 极度高时，则消费者属于极度乐观型的消费者，消费者非常相信这是属于高价值的产品，此时信号的作用较小，消费者的最大支付意愿由先验认知决定，即使收到 L 信号，消费者依旧愿意支付较高的价格，由此可得，在先验认知 λ 很高的情况下，接收 H 信号或接收 L 信号的消费者剩余价值很接近，企业采用单一低价格策略，能够百分之百保证项目的成功，获取最大利润。综上所述，当信号的准确度 q 很低或消费者的先验认知 λ 很高时，在这两种情况下消费者受信号影响低，即使接收不同的信号，支付意愿依旧保持相似，此时相比较于动态价格策略和菜单价格策略，单一低价格策略能够提升项目的成功率，且这种成功率提高带来利润的增加始终能够覆盖价格略微降低所带来的利润的减少。

当信号的准确度 q 较高时，企业采用动态价格策略能够获取更大的利润。在 q 较高的情况下，消费者接收 H 信号，认为产品属于高价值的可能性较大，愿意支付相对较高的价格，若接收 L 信号，认为产品属于低价值的可能性较大，愿意支付的价格相对较低，此时接收 H 信号或接收 L 信号的消费者支付意愿相差较大，即两者的剩余价值差异性很高，此时相比于单一低价格策略，获取接收 H 信号的消费者的剩余价值所带来的利润增加要大于项目成功可能性降低所导致的利润减少。与菜单策略相比，动态价格策略一方面获取了接收 H 信号的消费者的全部剩余价值，另一方面在信号传递的作用下，提升第二阶段消费者的支付意愿，此时虽然项目成功的可能性相对降低，但是获取消费者剩余所带来的利润增长要明显大于项目成功可能性降低所导致的利润减少。

第六章　同时发布机制下众筹产品线的价格策略

为比较顺序发布和同时发布的不同，我们采用完全相同的四种价格策略，即单一高价格策略、单一低价格策略、动态价格策略和菜单价格策略，单一高价格策略和单一低价格策略又被统称为单一价格策略。通过模拟两阶段消费者在同时发布策略下的决策路径，刻画消费者行为的变化，从而确定企业的最优价格策略和最大期望利润。

6.1　同时发布机制下的各价格策略分析

6.1.1　单一高价格策略

单一高价格策略是指众筹两个阶段设置一个统一的相对较高的价格，参与众筹的消费者因接收信号的不同可以分为两个类型：接收 H 信号或接收 L 信号，于消费者而言，接收 H 信号比接收 L 信号推断产品为高价值的可能性会相对大一点，即在后验认知方面，$\lambda^H(\lambda) > \lambda^L(\lambda)$，因此，接收 H 信号的消费者相对于 L 消费者，愿意为产品付出更高的价格。单一高价格策略就是将目光瞄准接收 H 信号的消费者，将其确定为目标消费者，希望从中获取更多的剩余价值。

第一阶段消费者 B_1进入市场，若接收 H 信号则会进行投资，若接收 L 信号则拒绝购买，此时要求 $P^H \leqslant \lambda^H(\lambda)$，第二阶段消费者 B_2进入市场后，无法观察到第一阶段消费者的投资行为，只能依据自己的私人信号进行决策，接收 H 信号形成的后验认知为 $\lambda^H(\lambda)$，接收 L 信号形成的后验认知为 $\lambda^L(\lambda)$，因此，B_2同样是接收 H 信号选择购买，接收 L 信号选择放弃。因为 $\lambda^L(\lambda) < P^H \leqslant \lambda^H(\lambda)$，则企业从福利最大化的角度出发，将价格设置为 $P^H = \lambda^H(\lambda)$，机制设定需要两个消费者都参与投资项目才能开展，所以目标筹资金额确定为 $T^H = 2\lambda^H(\lambda)$，通过对消费者行为模拟，可以发现，当且仅当第一阶段消费者

B_1和第二阶段的消费者B_2都接收H信号，参与众筹的两个消费者才会都选择购买，其他任意情况项目始终都会失败，消费者接收H信号的概率为$P_r(S_H/\lambda)$，所以项目成功的概率为$P_r^2(S_H/\lambda)$。

因此，单一高价格策略下，企业的期望利润为：$\pi_{sim}^H = P_r^2(s_H/\lambda) * 2\lambda^H(\lambda)$

6.1.2　单一低价格策略

单一低价格策略是在众筹不同的阶段设置一种相同的价格，与单一高价格策略原理相似，单一低价格策略针对的是接收L信号的消费者，因$\lambda^L(\lambda) < \lambda^H(\lambda)$，所以企业在价格方面设置相对较低。单一低价格策略的目标是获取接收L信号的消费者的全部剩余价值，对接收H信号的消费者的剩余价值只获取部分。

第一阶段消费者B_1进入市场，若接收H信号愿意支付的最高价格为$\lambda^H(\lambda)$，若接收L信号则愿意支付最高价格为$\lambda^L(\lambda)$，因目标策略为接收L信号的信号者，因此B_1无论接收H信号或L信号始终都会购买，此时要求$P^L \leqslant \lambda^L(\lambda)$，第二阶段消费者$B_2$进入市场后，无法观察到第一阶段消费者$B_1$的投资行为，只能依据自己的私人信号进行决策，因此与第一阶段消费者的决策路径相同，消费者B_2不论接收H信号或L信始终都会购买。企业是风险中立的，从利润最大化的角度出发，会设置价格$P^L=\lambda^L(\lambda)$，此时接收L信号的消费者剩余价值为0，接收H信号的消费者剩余价值为$\lambda^H(\lambda) - \lambda^L(\lambda)$。涉及消费者的协同作用，筹资目标金额设置为$T^L=2\lambda^L(\lambda)$，从前面的推导过程中可以归纳，无论第一阶段消费者$B_1$和第二阶段消费者$B_2$接收H信号或L信号，始终都会选择投入，则项目始终成功，此时项目成功的概率为1。

因此，单一低价格策略下，企业的期望利润为：$\pi_{sim}^L = 2\lambda^L(\lambda)$

6.1.3　动态价格策略

动态价格策略是指在众筹每一阶段设置一种价格，两个阶段的价格不相同。按照前面的逻辑，单一高价格策略针对的是接收H信号的消费者，目标是获取H信号消费者的全部剩余价值，放弃了接收L信号消费者的剩余价值，单一低价格策略针对的是接收L信号的消费者，目标是获取L信号消费者的全部剩余价值，而损失了接收H信号消费者的部分剩余价值。而动态价格策略则是对两者的结合，即每一阶段针对一种特定类型的消费者，获取其全部剩余价值，因此两个阶段的价格一高一低。同理，会存在两种情况：①第一阶段针对接收H信号的消费者，第二阶段针对接收L信号的消费者；②第一阶段针对接收 L 信号的消费者，第二阶段针对接收 H 信号的消费者。针对不同的阶段 t，$t=1$，2 所设置的价格笔者用 $P_t^{\ D}$表示，因此对应的两种价格策略可以表示为$(P_1^{\ D},\ P_2^{\ D})=(P_H,\ P_L)$或$(P_1^{\ D},\ P_2^{\ D})=(P_L,\ P_H)$，$P_H$表示目标消费者为接收 H 信号的类型，此时价格设置偏高，消费者当且仅当接收 H 信号才会选择投入，P_L表示将以接收 L 信号的消费者作为对象所设置的偏低的价格，此时消费者不论接收信号的类型，都会选择投入。为保证两阶段的消费者都会投入，设定目标筹资金额为 $T^D=P_H+P_L$。

情景一：价格设定为$(P_1^{\ D},\ P_2^{\ D})=(P_H,\ P_L)$。

企业在第一阶段设定高价格，在第二阶段设定低价格，此时第一阶段消费者 B_1进入市场，收到关于产品价值的私人信号，当收到 H 信号时，则 B_1推断产品为高价值的概率为 $\lambda^H(\lambda)$，当收到 L 信号时，则推断产品为高价值的概率为 $\lambda^L(\lambda)$，在第一阶段企业制定的价格为 P_H，针对的是接收 H 信号的消费者，因此要求 B_1接收 H 信号时才会选择投入，此时 $\lambda^L(\lambda)<P_H\leqslant\lambda^H(\lambda)$。第一阶段结束后，企业不公布 B_1的决策，第二阶段的消费者 B_2进入市场，无法观察到 B_1的投资，只能根据自己接收的信号进行决策，在第二阶段企业制定的价格为 P_L，要求获取接收 L 信号消费者的全部剩余价值，因此 B_2无论接收 H 信号或 L 信号都会选择购买，消费者 B_2接收 L 信号推断产品为高价值的概率为 $\lambda^L(\lambda)$，此时 $P_L\leqslant\lambda^L(\lambda)$。企业秉承利润最大化的原则，设定 $P_H=\lambda^H(\lambda)$，$P_L=\lambda^L(\lambda)$，通过对两阶段消费者行为的模拟，可以发现，当且仅当一阶段消费者 B_1接收 H 信号时，项目方能成功。因 B_1接收 H 信号的概率为 $\mathrm{P_r}(S_H/\lambda)$，所以项目成功的概率为 $\mathrm{P_r}(S_H/\lambda)$，此时价格设定$(P_1^D,\ P_2^D)=(\lambda^H(\lambda),\ \lambda^L(\lambda))$，目标筹资金额为 $T^D=\lambda^H(\lambda)+\lambda^L(\lambda)$。

因此，企业的期望利润为：

$$\pi_{\mathrm{sim}}^{D1}=\mathrm{P_r}(S_H/\lambda)*[\lambda^H(\lambda)+\lambda^L(\lambda)]$$

情景二：价格设定为$(P_1^D,\ P_2^D)=(P_L,\ P_H)$。

企业在第一阶段设定相对较低的价格，在第二阶段设定相对较高的价格。第一阶段将接收 L 信号的消费者作为目标群体，第二阶段针对的人群为接收 H 信号的消费者。首先，第一阶段消费者 B_1进入市场，接收私人信号进行决策，因为第一阶段价格相对较低，B_1无论接收 H 或 L 信号始终都会投入，此时 $P_L\leqslant\lambda^L(\lambda)\leqslant\lambda^H(\lambda)$。第一阶段结束后，第二阶段的消费者 B_2进入市场，因无法观察到前期消费者的决策行为，只能依据自己的私人信号作出判断，此时 B_2若接收 H 信号，最大意愿的投资价格为 $\lambda^H(\lambda)$，接收 L 信号最大的意愿投资价格为$\lambda^L(\lambda)$，在第二阶段，企业的目标是获取接收 H 信号消费者的全部剩余价值，因此 $\lambda^L(\lambda) < P_H \leqslant \lambda^H(\lambda)$。企业为实现利润的最大化，设置 $P_L = \lambda^L(\lambda)$，$P_H = \lambda^H(\lambda)$，通过前面的推导可知，第一阶段的消费者始终会参与投资，而第二阶段的消费者 B_2只有在接收 H 信号时才会购买，项目当且仅当 B_2接收 H 信号方能成功，项目成功的概率为 $P_r(S_H/\lambda)$，此时价格设定$(P_1{}^D, P_2{}^D) = (\lambda^L(\lambda), \lambda^H(\lambda))$，目标筹资金额为 $T^D = \lambda^L(\lambda) + \lambda^H(\lambda)$。

因此，企业的期望利润为：

$$\pi_{\text{sim}}^{D2} = P_r(S_H/\lambda) * [\lambda^L(\lambda) + \lambda^H(\lambda)]$$

通过对动态价格的两种策略进行分析，可以发现不同的策略下每一阶段针对的消费者类型刚好相反，但是因为信息在同时发布机制下，没有 B_1的信号进行传递，此时两种价格设置的高价格和低价格始终保持一致。且项目的成功率也是固定的，为 $P_r(S_H/\lambda)$，只是区别在于情景一要求第一阶段消费者 B_1收到 H 信号。情景二要求第二阶段消费者 B_2收到 H 信号。因为两者的价格设置和项目成功率完全保持一致，则两者利润恒相等，因此在动态价格下，企业可以任意选择两种策略。$(P_1{}^D, P_2{}^D) = (\lambda^L(\lambda), \lambda^H(\lambda)) = (\lambda^H(\lambda), \lambda^L(\lambda))$，企业目标筹资金额 $T^D = \lambda^L(\lambda) + \lambda^H(\lambda)$。

因此，动态价格策略下，企业的期望利润为：

$$\pi_{\text{sim}}^{D} = P_r(S_H/\lambda) * [\lambda^L(\lambda) + \lambda^H(\lambda)]$$

6.1.4　菜单价格策略

菜单价格策略是指企业在同一阶段提供两种价格供消费者选择，两个阶段的价格保持相同。笔者用 P_H^M 和 P_L^M 表示两种价格，$P_L^M \leqslant \lambda^L(\lambda) \leqslant P_H^M \leqslant \lambda^H(\lambda)$，为保证至少有一个消费者愿意出高价格，设定预期筹资金额为高价格和低价格的和，即 $T^M = P_L{}^M + P_H^M$。

第一阶段消费者 B_1进入市场，若接收的为 L 信号，则始终投 P_L^M，若接收的信号为 H 型，则有两种选择投 P_H^M 或 P_L^M，第一阶段结束后，第二阶段消费者 B_2进入市场，因无法观察前期 B_1的投资策略，只能根据自己的私人信号进行决策，接收 H 信号投 P_H^M，接收 L 信号投 P_L^M。

分析消费者 B_1的行为，B_1接收 H 信号，有两个选择 P_L^M 和 P_H^M，如果 B_1选择低价格 P_L^M，会获得相对较高的消费者剩余 $\lambda^H(\lambda) - P_L^M$，但项目的成功率降低为 $P_r(S_H/\lambda)$，如果 B_1选择投入高价格策略 P_H^M，会获得一个相对较低的消费者剩余 $\lambda^H(\lambda) - P_H^M$，但此时项目成功的概率为 1。若第一阶段消费者 B_1接收的信号为 H 型，其推断产品为高价值的后验认知为 $\lambda^H(\lambda)$，则其始终投高价格 P_H^M 的激励相容的条件为：

$$P_r(S_H/\lambda) * [\lambda^H(\lambda) - P_L^M] \leq \lambda^H(\lambda) - P_H^M$$

此时项目筹资可分为以下两种情况：①第一阶段消费者 B_1 接收 L 信号投 P_L^M，第二阶段消费者 B_2 因无法观察前一期消费者的决策，只能依据自己的私人信号投资，此时 B_2 若接收 H 信号投 P_H^M，项目筹资金额为 $P_L{}^M+P_H^M$，若接收 L 信号投 P_L^M，项目不成功；第一阶段消费者 B_1 接收 H 信号投 P_H^M，第二阶段消费者 B_2 接收 H 信号投 P_H^M，此时实际筹资金额为 $2P_H^M$，若接收 L 信号投 P_L^M，项目筹资金额为 $P_L{}^M+P_H^M$。②第一阶段消费者 B_1 接收 L 信号投 P_L^M，B_2 若接收 H 信号投 P_H^M，项目筹资金额为 $P_L{}^M+P_H^M$，若接收 L 信号投 P_L^M，项目不成功；第一阶段消费者 B_1 接收 H 信号投 P_L^M，第二阶段消费者 B_2 接收 H 信号投 P_H^M，此时实际筹资金额为 $P_L{}^M+P_H^M$，若接收 L 信号投 P_L^M，项目不成功。当且仅当第一阶段的消费者 B_1 和第二阶段的消费者 B_2 都接收了 L 信号，都投低价格 P_L^M，项目才不会成功。因此在同时发布策略中，会存在实际的筹资金额超过预期目标金额的情况 $2P_H^M>P_L{}^M+P_H^M$，即 B_1 和 B_2 在接收 H 信号的情况下因无法观察到对方的投资行为，则都会投高价格 P_H^M，而在顺序发布策略中，只要第一阶段消费者投 P_H^M，则第二阶段消费者始终投 P_L^M，存在着明显的搭便车现象。

笔者通过对菜单价格策略中的两种情景分析，可得到两种不同的价格设置：

第一，当 B_1 接收 H 信号，始终选择投高价格 P_H^M，结合激励相容的条件，此时低价格 $P_L^{M1}=\lambda^L(\lambda)$，高价格 $P_H^{M1}=\lambda^H(\lambda) - P_r(S_H/\lambda) * [\lambda^H(\lambda) - \lambda^L(\lambda)]$。

因此，第一种菜单价格策略下，企业的期望利润为：

$$\pi_{sim}^{M1} = P_r^2(S_H/\lambda) * (2P_H^M) + 2P_r(S_H/\lambda)P_r(S_L/\lambda)[P_H^M + P_L^M]$$

第二，当 B_1 接收 H 信号，始终选择投低价格 P_L^M，依据激励相容条件，此时价格设置为：低价格 $P_L^{M2}=\lambda^L(\lambda)$，高价格 $P_H^{M2}=\lambda^H(\lambda)$，根据前面的推导项目成功的概率为 $P_r(S_L/\lambda) * P_r(S_H/\lambda) + P_r(S_H/\lambda) * P_r(S_H/\lambda)$，化简可知项目成功的概率即为 $P_r(S_H/\lambda)$。

因此，第二种菜单价格策略下，企业的期望利润为：

$$\pi_{sim}^{M2} = P_r(S_H/\lambda) * [\lambda^L(\lambda) + \lambda^H(\lambda)]$$

结论 6.1：同时发布机制下，企业通过价格制定控制消费者的行为，形成两种菜单策略，笔者对其利润进行比较，依据消费者的先验认知和信号准确度的不同，确定最优的价格策略和期望利润，具体如下：

①$q \in \left(\frac{1}{2},\frac{2+\sqrt{2}}{4}\right]$，$\lambda \in (0,1)$ 或 $q \in \left(\frac{2+\sqrt{2}}{4},1\right)\frac{4q^2-1+\sqrt{8q^2-8q+1}}{4q(2q-1)} <$ $\lambda < 1$ 或 $0 < \lambda < \frac{4q^2-1-\sqrt{8q^2-8q+1}}{4q(2q-1)}$ 时，企业选择第一种菜单价格策略更优，即消费者 B_1 接收 H 信号始终选择投高价格 P_H^M，此时价格设置和期望利润为：

$$(P_L^{M1},\ P_H^{M1}) = \left(\frac{\lambda(1-q)}{\lambda(1-q)+(1-\lambda)q},\ \frac{\lambda^3(2q-1)^2-2\lambda^2(2q-1)^2+\lambda(1-3q+3q^2)}{[\lambda q+(1-\lambda)(1-q)][\lambda(1-q)+(1-\lambda)q]}\right)$$

$$\pi^{M1} = \frac{2*[\lambda^3(2q-1)^2q-\lambda^2(2q-1)^2(q+1)+\lambda(1-2q+q^2+q^3)]}{\lambda(1-q)+(1-\lambda)q}$$

②$q \in \left[\frac{2+\sqrt{2}}{4},1\right)$，$\frac{4q^2-1-\sqrt{8q^2-8q+1}}{4q(2q-1)} < \lambda < \frac{4q^2-1+\sqrt{8q^2-8q+1}}{4q(2q-1)}$ 时，企业选择第二种菜单价格策略更优，即消费者 B_1 接收 H 信号始终选择投低价格 P_L^M，此时价格设置和期望利润分别为：

$$(P_L^{M2},\ P_H^{M2}) = \left(\frac{\lambda(1-q)}{\lambda(1-q)+(1-\lambda)q},\ \frac{\lambda q}{\lambda q+(1-\lambda)(1-q)}\right)$$

$$\pi^{M2} = \frac{-\lambda^2(2q-1)^2+\lambda(1-2q+2q^2)}{\lambda(1-q)+(1-\lambda)q}$$

见图 6.1。

当且仅当信号的准确度和消费者的先验认知都很高时，第二种菜单价格策略 M2 才会优于第二种菜单价格策略 M1。原因在于菜单价格策略 M2 中，企业获取了接收 H 信号消费者的全部剩余价值，但降低了项目成功的概率，唯有消费者接收 H 信号的概率足够高，才能实现以价格提升所带来的利润增长弥补成功率的降低所导致的利润减少。菜单价格策略 M1 中，企业为保障项目的成功，欲使第一阶段接收 H 信号的消费者选择高价格 P_H^M，则必须降低 P_H^M 到激励相容条件(IC)条件来提高消费者选择 P_H^M 的效用，因此菜单策略 M1 中企业仅获取接收 H 信号消费者的部分剩余价值，但项目成功的概率得到提升，只要消费者接收 H 信号的概率不是足够高，此时项目成功率上升带来的利润增加足以覆盖价格降低所带来的利润减少。因此，当消费者接收 H 信号的可能性足够高时，企业会选择菜单价格策略 M2，当消费者接收 H 信号的可能性不够高时，企业选择菜单价格策略 M1。

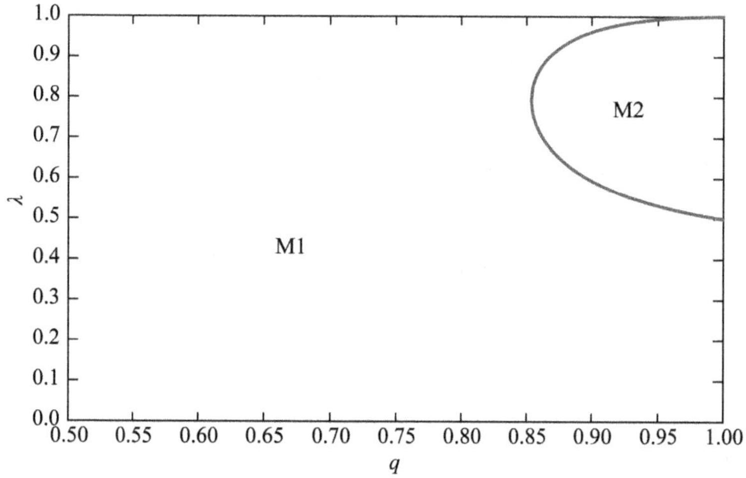

图 6.1　同时发布下企业占优的菜单价格策略

综上所述，当信号的准确度和消费者的先验认知都很高时，消费者认为众筹产品是有希望的产品，在信号发送准确度有保障的前提下，消费者接收 H 信号的可能性非常大，因此菜单策略 M2 优于菜单策略 M1。若信号的准确度较低，消费者接收 H 信号或 L 信号较为随机，此时消费者接收 H 信号的概率不够高；若信号的准确度较高而消费者的先验认知较低时，消费者认为项目产品为低希望的产品，在信号准确度有保障的情况下，消费者接收 L 信号的可能性非常大。信号的准确度较低或信号的准确度较高而消费者的先验认知较低这两种情况下消费者接收 H 信号的可能性相对较低，此时，菜单策略 M1 优于菜单策略 M2。

6.2　最佳价格策略分析

结论 6.2：在同时发布机制下，企业会根据消费者的先验认知和信号准确度的不同，选用不同的价格策略，具体如下：

①当$q \in \left(\frac{1}{2}, \frac{\sqrt{5}-1}{2}\right]$，$\lambda \in (0, 1)$或$q \in \left(\frac{\sqrt{5}-1}{2}, 1\right)$，$\frac{q^2+q-1}{2q^2-q} < \lambda < 1$时，同时发布机制下，企业选择单一低价格策略更优。此时，价格设置和期望利润为：

$$P^L = \frac{\lambda(1-q)}{\lambda(1-q)+(1-\lambda)q};\quad \pi^L_{\text{sim}} = \frac{2\lambda(1-q)}{\lambda(1-q)+(1-\lambda)q}$$

②当 $q \in \left[\frac{\sqrt{5}-1}{2}, \frac{2+\sqrt{2}}{4}\right]$，$0 < \lambda < \frac{q^2+q-1}{2q^2-q}$；$q \in \left(\frac{2+\sqrt{2}}{4}, 1\right)$，$\frac{4q^2-1+\sqrt{8q^2-8q+1}}{4q(2q-1)} < \lambda < \frac{q^2+q-1}{2q^2-q}$ 或 $q \in \left(\frac{2+\sqrt{2}}{4}, 1\right)$，$0 < \lambda < \frac{4q^2-1-\sqrt{8q^2-8q+1}}{4q(2q-1)}$ 时，同时发布机制下，企业选择菜单价格策略更优。此时，价格设置和期望利润为：

$$(P_L^M, P_H^M) =$$

$$\left(\frac{\lambda(1-q)}{\lambda(1-q)+(1-\lambda)q}, \frac{\lambda^3(2q-1)^2-2\lambda^2(2q-1)^2+\lambda(1-3q+3q^2)}{[\lambda q+(1-\lambda)(1-q)][\lambda(1-q)+(1-\lambda)q]}\right)$$

$$\pi^M_{\text{sim}} = 2 * \left[\frac{\lambda^3(2q-1)^2 q-\lambda^2(2q-1)^2(q+1)+\lambda(q^3+q^2-2q+1)}{\lambda(1-q)+(1-\lambda)q}\right]$$

③当 $q \in \left[\frac{2+\sqrt{2}}{4}, 1\right)$，$\frac{4q^2-1-\sqrt{8q^2-8q+1}}{4q(2q-1)} < \lambda < \frac{4q^2-1+\sqrt{8q^2-8q+1}}{4q(2q-1)}$ 时，同时发布机制下，企业选择单一高价格策略更优。此时，价格策略和期望利润为：

$$P^H = \frac{\lambda q}{\lambda q+(1-\lambda)(1-q)};\quad \pi^H_{\text{sim}} = 2\lambda q * [\lambda q+(1-\lambda)(1-q)]$$

见图 6.2。

当信号的准确度 q 很低或消费者的先验认知 λ 很高时，企业采用单一低价格策略占优，动态策略和菜单策略不占优的原因在于将目标瞄准接收 H 信号消费者所带来的利润增加不敌项目成功率下降所导致的利润减少。当信号的准确度 q 很低时，消费者接收 H 信号难以确信这是一个高价值的产品，同理，消费者接收 L 信号难以保证这是一个低价值的产品，导致消费者接收 H 信号愿意支付的价格和接收 L 信号愿意支付的价格较为相似，此时接收 H 信号的消费者的剩余价值和接收 L 信号的消费者的剩余价值很接近，此时无论是动态价格策略还是菜单策略，即使获取了接收 H 信号的消费者的剩余价值，也无法弥补因项目成功率的下降所导致的利润的减少。当消费者的先验认知 λ 很高时，则消费者属于极度乐观型的消费者(Ting Liu，2017)，消费者十足相信这是高价值的产品，此时信号影响作用较低，消费者始终愿意支付相对较高

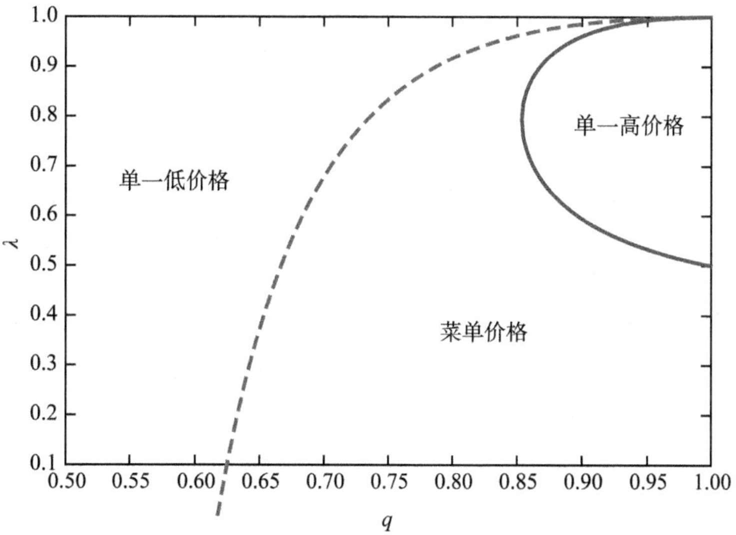

图 6.2 同时发布下企业最优价格策略的选择

的价格。因此，消费者无论接收 H 信号还是接收 L 信号，剩余价值都很接近，此时，相比较于动态价格策略和菜单价格策略，企业采用单一低价格策略提升项目成功率，其带来的利润的增加始终能够覆盖价格略微降低所导致的利润减少。

当信号的准确度 q 提高时，企业采用菜单价格策略能够获取更大的利润。信号准确度较高，消费者若接收 H 信号，则有理由相信该产品为高价值，相应的愿意支付较高的价格，若接收 L 信号，则认为该产品属于低价值的可能性较大，愿意支付的价格相对较低，此时接收 H 信号或接收 L 信号的消费者支付意愿相差较大，即两者的剩余价值差异很高。此时，相比较于单一低价格策略，获取接收 H 信号的消费者的剩余价值所带来的利润增长要大于项目成功可能性降低所导致的利润减少。动态价格策略与菜单价格策略相比，完全获取接收 H 信号消费者的剩余价值虽然能够带来一定的利润增长，但同时项目成功概率降低会导致利润下降，在消费者接收 H 信号可能性不够高的情况下，这种利润的增长小于利润的下降，而菜单策略虽然仅获取接收 H 信号消费者的部分剩余价值，但是较大提高项目的成功率，因此更为占优。此外，菜单价格策略之所以能够占优，还源于接收 H 信号和接收 L 信号消费者之间的协同作用，对于同样一种产品，为了使项目筹得预期资金而启动，接收 H 信号的消费者会选择高价格的选项以此来弥补低接收 L 信号消费者对项目所作出的微小贡献。

当先验认知 λ，信号的准确度 q 两者都很高的情况下，一方面因为信号准确度较高，此时消费者接收 H 信号则有一定的理由相信产品属于高价值，接收 L 信号则认为有一定的理由相信产品属于低价值，因此，消费者在接收 H 信号或 L 信号后的支付意愿有明显不同，此时将目光对准接收 H 信号的消费者，获取其全部剩余价值对利润的提升有很大的帮助。另一方面，q 高的同时，先验认知 λ 同样较高，因此消费者根据自己的经验推断产品为高价值的可能性非常大，此时消费者接收 H 信号的可能性非常大，在这种背景下，采用单一高价格策略，项目成功的可能性很高，也能够获取接收 H 信号的消费者的全部剩余价值。

6.3　固定价格策略下信息发布方式的选择

企业确定众筹信息发布机制；

(1)第一阶段的消费者 B_1 进入市场，接收私人信号 S_1，并且做出投标决策；

(2)企业观察到第一阶段消费者的行为但根据所选择的信息发布机制决定是否公布消费者的投资行为；

(3)第二阶段的消费者 B_2 进入市场，观察到企业发布的相关信息，并接收私人信号 S_2，做出投标决策；

(4)企业根据筹集到的资金，决定是否启动项目。

通过比较固定价格策略下不同信息发布机制的期望利润，企业来决定各价格策略下的最佳发布方式，结论总结如下：

结论 6.3：价格策略固定时，企业最佳信息发布机制选择如下：

(1)当企业选择单一高价格策略时，企业选择顺序发布或同时发布均可。企业价格设置和期望利润分别为：

$$P^H = \frac{\lambda q}{\lambda q + (1-\lambda)(1-q)}$$

$$\pi^H = 2\lambda q[\lambda q + (1-\lambda)(1-q)]$$

(2)当企业选择单一低价格策略时，企业选择顺序发布或同时发布均可。企业价格设置和期望利润分别为：

$$P^L=\frac{\lambda(1-q)}{\lambda(1-q)+(1-\lambda)q}$$

$$\pi^L=\frac{2\lambda(1-q)}{\lambda(1-q)+(1-\lambda)q}$$

(3)当企业选择动态价格策略时，企业始终选择顺序发布机制。企业价格设置和期望利润分别为：

$$(P_1^D,\ P_2^D)=\left(\frac{\lambda q}{\lambda q+(1-\lambda)(1-q)},\ \lambda\right)$$

$$\pi^D=\lambda^2(2q-1)+\lambda$$

(4)菜单策略中，会根据消费者的先验认知以及信号准确度的不同，而选择不同的信息发布机制，并且设置不同的价格。具体如下：

①$q\in\left[\frac{2+\sqrt{2}}{4},1\right)$，$\frac{4q^2-1-\sqrt{8q^2-8q+1}}{4q(2q-1)}<\lambda<\frac{4q^2-1+\sqrt{8q^2-8q+1}}{4q(2q-1)}$时，企业选择顺序发布机制更优，此时价格设置和期望利润分别为：

$$(P_H^{M1},\ P_L^{M1})=\left(\frac{\lambda q}{\lambda q+(1-\lambda)(1-q)},\ \frac{\lambda(1-q)}{\lambda(1-q)+(1-\lambda)q}\right)$$

$$\pi^{M1}=\frac{-\lambda^2(2q-1)^2+\lambda(1-2q+2q^2)}{\lambda(1-q)+(1-\lambda)q}$$

②$q\in\left(\frac{1}{2},\frac{2+\sqrt{2}}{4}\right]$，$\lambda\in(0,1)$，或$q\in\left(\frac{2+\sqrt{2}}{4},1\right)$，$\frac{4q^2-1+\sqrt{8q^2-8q+1}}{4q(2q-1)}<\lambda<1$，或$0<\lambda<\frac{4q^2-1-\sqrt{8q^2-8q+1}}{4q(2q-1)}$时，企业选择同时发布机制更优，此时价格设置和期望利润为：

$$(P_L^{M2},\ P_H^{M2})=\left(\frac{\lambda(1-q)}{\lambda(1-q)+(1-\lambda)q},\ \frac{\lambda^3(2q-1)^2-2\lambda^2(2q-1)^2+\lambda(1-3q+3q^2)}{[\lambda q+(1-\lambda)(1-q)][\lambda(1-q)+(1-\lambda)q]}\right)$$

$$\pi^{M2}=\frac{2*[\lambda^3(2q-1)^2q-\lambda^2(2q-1)^2(q+1)+\lambda(1-2q+q^2+q^3)]}{\lambda(1-q)+(1-\lambda)q}$$

见图6.3。

根据结论6.3可知，若企业选择单一高价格策略，为获取接收H信号的消费者的全部价值，企业设置相对较高的产品价格和目标筹资金额，此时顺序和同时两种信息发布机制所带来的利润相同。若企业选择单一低价格策略，因

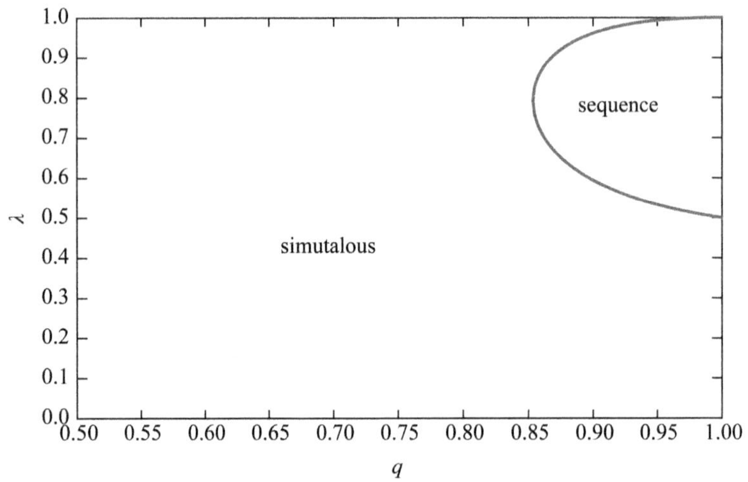

图 6.3　菜单定价策略下企业最优信息发布机制选择

企业采取保守型策略设置相对较低的价格，保证项目始终能够成功，两种信息发布机制并不影响消费者的行为，因此企业两种信息机制同时占优。若企业选择动态价格策略，则企业始终选择顺序型信息发布机制，因为(P_1^D，P_2^D)=(P_H，P_L)的定价策略，有利于高质量的信号传递，形成社会学习的作用，能够提高后期消费者的投资水平，此时顺序机制产生的利润高于同时机制的利润。

若企业选择菜单价格策略，依据信号的准确度和消费者的先验认知，会出现不同的信息发布机制占优的情况。在顺序发布机制下，根据 B_1 接收 H 信号，选择投高价格 P_H^M 或低价格 P_L^M，形成两种菜单价格策略。①对于 B_1 接收 H 信号始终投高价格 P_H^M 这种情形，顺序发布形成的期望利润始终小于同时发布下的期望利润，原因在于两者的价格设置相同，但顺序发布机制公布前期消费者的投资行为，导致后期消费者搭便车，而同时发布避免了搭便车效应，因此同时发布始终占优。②对于 B_1 接收 H 信号始终投低价格 P_L^M 这种情形，顺序发布和同时发布形成的利润相同。

6.4　非固定价格策略下信息发布机制选择

(1)企业同时确定信息发布机制和产品定价策略，并设定预期筹资金额 T；

(2)第一阶段的消费者 B_1 进入市场，接收私人信号 S_1，并且做出投标决策；

(3)企业观察到第一阶段消费者的行为但根据所选择的信息发布机制决定是否公布消费者的投资行为；

(4)第二阶段的消费者 B_2 进入市场，观察到企业发布的相关信息，并接收私人信号 S_2，做出投标决策；

(5)企业根据筹集到的资金，决定是否启动项目。

当企业可任意选择价格策略和信息发布机制时，通过比较不同价格策略和不同信息发布机制组合形成的期望利润，确定众筹最佳信息发布机制，结论总结如下：

结论 6.4：非固定价格策略时，企业最佳信息发布机制选择如下：

①当 $q \in \left(\frac{1}{2}, \frac{\sqrt{5}-1}{2}\right]$，$\lambda \in (0, 1)$ 或 $q \in \left(\frac{\sqrt{5}-1}{2}, 1\right)$，$\frac{q^2+q-1}{2q^2-q} < \lambda < 1$ 时，顺序发布机制和同时发布两种信息机制两者都占优。此时企业选择单一低价格策略，价格设置和期望利润为：

$$P^L = \frac{\lambda(1-q)}{\lambda(1-q)+(1-\lambda)q}$$

$$\pi^L = \frac{2\lambda(1-q)}{\lambda(1-q)+(1-\lambda)q}$$

②当 $q \in \left(\frac{\sqrt{5}-1}{2}, \frac{7+4\sqrt{2}}{17}\right]$，$0 < \lambda < \frac{q^2+q-1}{2q^2-q}$，或 $q \in \left(\frac{7+4\sqrt{2}}{17}, 1\right)$，$\frac{(3-4q^2-3q)-\sqrt{17q^2-14q+1}}{2-8q^2} < \lambda < \frac{q^2+q-1}{2q^2-q}$ 以及 $q \in \left(\frac{7+4\sqrt{2}}{17}, 1\right)$，$0 < \lambda < \frac{(3-4q^2-3q)+\sqrt{17q^2-14q+1}}{2-8q^2}$ 时，同时发布机制更为占优，此时企业选择菜单价格策略，价格设置和期望利润为：

$$(P_L^M, P_H^M) = \left(\frac{\lambda(1-q)}{\lambda(1-q)+(1-\lambda)q}, \frac{\lambda^3(2q-1)^2-2\lambda^2(2q-1)^2+\lambda(1-3q+3q^2)}{[\lambda q+(1-\lambda)(1-q)][\lambda(1-q)+(1-\lambda)q]}\right)$$

$$\pi^M = \frac{2*[\lambda^3(2q-1)^2q-\lambda^2(2q-1)^2(q+1)+\lambda(1-2q+q^2+q^3)]}{\lambda(1-q)+(1-\lambda)q}$$

③ $q \in \left(\frac{7+4\sqrt{2}}{17}, 1\right)$，$\frac{(3-4q^2-3q)+\sqrt{17q^2-14q+1}}{2-8q^2} < \lambda <$

$\frac{(3-4q^2-3q)-\sqrt{17q^2-14q+1}}{2-8q^2}$时，顺序发布机制更为占优，此时选择动态价格策略，价格设置和期望利润为：

$$(P_1^D,\ P_2^D)=\left(\frac{\lambda q}{\lambda q+(1-\lambda)(1-q)},\ \lambda\right)$$

$$\pi^D=\lambda^2(2q-1)+\lambda$$

见图 6.4。

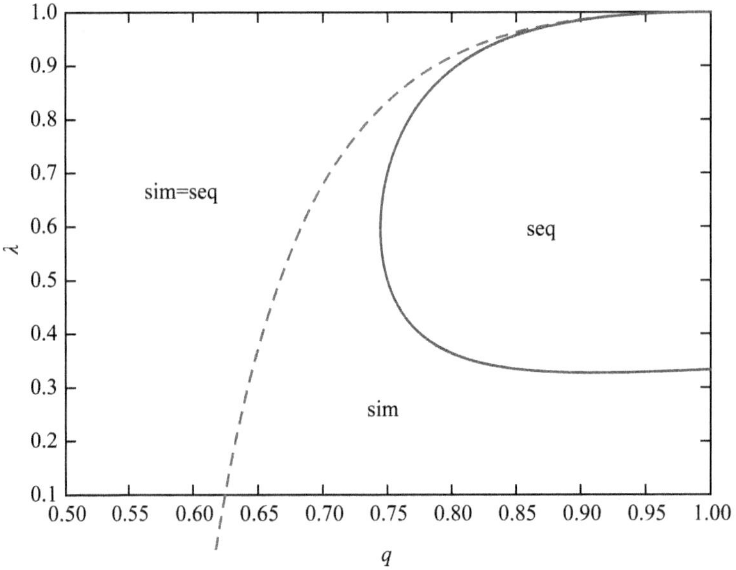

图 6.4　非固定价格策略下企业最优信息发布机制选择

当信号的准确度 q 极度低或消费者对产品的先验认知 λ 极度高时，顺序型信息发布机制和同时型信息发布机制所带来的利润相同。当信号的准确度极度低时，则消费者接收 H 信号难以确信这是一个高价值的产品，同理，消费者接收 L 信号难以保证这是一个低价值的产品，导致消费者接收 H 信号愿意支付的价格和接收 L 信号愿意支付的价格十分接近。若消费者对产品的先验认知极度高，则消费者十分确信这是一个高价值的产品，此时信号的影响作用极小，无论接收 H 信号还是 L 信号，消费者始终愿意支付相对较高的价格。在这两种极端情况下，接收 H 信号的消费者的剩余价值和接收 L 信号的消费者的剩余价值很接近，使用单一低价格策略，获取接收 L 信号的消费者的全部剩余价值，提高项目成功的概率，能够有效增加企业利润。

当信号的准确度 q 较高且消费者的对产品的先验认知 λ 较高时，顺序型信息发布机制占优。先验认知较高的情况下，众筹产品可认为是有希望的产品，此时信号的准确发布若能保障，消费者接收 H 信号的可能性较大，通过顺序型信息发布机制下的动态价格策略，能够实现产品高质量信号的传递，形成社会学习的作用，有效增加后期消费者的投资，形成众筹产品的接受群体，从而增加企业的期望利润。

当信号的准确度 q 较低或消费者对产品的先验认知 λ 较低时，同时型信息发布机制占优。当信号的准确度较低时，消费者接收 H 信号或 L 信号的概率较为随机；当先验认知较低时而信号准确度较高时，消费者接收 L 信号的概率较高。在这两种情况下，消费者接收 H 信号的可能性较低，此时采用顺序型信息发布机制更易传递产品的低质量信号，降低后期消费者的投入。采用同时型信息发布机制，能够避免消极信号在消费者之间传递，同时菜单策略能够去除消费者的搭便车效应，因此同时型信息发布机制有利于企业利润的增加。

6.5 本章小结

本章对企业正确的制定信息发布机制提供一定的理论指导。在企业可以自由选择信息发布机制和价格策略时，若企业提供的产品为有希望的产品，在信号准确度有保障的情况下，企业应选择顺序发布机制，促进消费者之间的相互学习。若提供的产品为希望较小的产品或信号的准确度较低时，企业应选择同时发布机制，避免消极信号传递的同时，避免搭便车效应，促使企业获取超额投资。其他情况下，顺序发布机制和同时发布机制无区别。

其次，当价格策略固定时，本章为企业信息发布机制的选择给予了理论建议。当企业选择采用单一高价格策略、单一低价格策略时，两种信息发布方式均可，若选择动态价格策略，则应采用顺序发布策略，若选择菜单价格策略，则依据消费者的先验认知和信号的准确度进行决策。

最后，为企业在不同信息发布机制下的价格策略选择给出了一定的理论指导。在顺序发布下，依据信号的准确度和消费者的先验认知，最优价格策略从单一低价格策略或者动态价格策略中进行选择；在同时发布下，最优价格策略从单一低价格策略、单一高价格策略和菜单策略中进行选择。

第七章　不同众筹模式下投资人行为的实证分析

7.1　实证背景

目前全球最具代表性的采取 KIA 众筹模式的众筹平台是 2008 年成立的 Indiegogo。Indiegogo(59889 个项目)目前作为仅次于 Kickstarter(133859 个项目)的全球第二大众筹平台，拥有比仅在美国地区可用的 Kickstarter 更广阔的覆盖人群和更加灵活的筹资模式。Indiegogo 的项目负责人和投资者可以位于世界上任何一个国家，并且筹资者可以选择创建一个 AON(all-or-nothing)的筹资项目或者是 KIA(keep-it-all)的筹资项目。筹资者必须以平台能够接受的货币(美元，欧元，英镑，加元或澳元)进行至少 500 个货币单位的筹款目标。Indiegogo 中的项目主要有技术和创新、创意工作以及社交三种类别，另外，Indiegogo 不仅为项目创业者提供众筹平台，还为其提供众筹项目的创新产品的交易市场，Indiegogo 鼓励筹资者开展筹资项目，只要使用有效邮箱就能够注册账号并且发起项目，其流程相较而言较为简单。还会提供相应的筹资指导，经过笔者对 Indiegogo 发起过程的亲身试验，Indiegogo 的发起筹资项目流程如图 7.1 所示。而本研究也将根据筹资流程中的可能会对潜在投资者的投资产生影响的因素进行梳理，并且在后续的研究中将其作为控制变量进行研究，控制本章研究主题之外的因素所带来的影响。

如图 7.1 所示，在 Indiegogo 中进行筹资的主体可以是个人，一群人，一个注册企业，一个非营利机构，一个社区，甚至一个宗教或政治组织。对于 AON 模式，活动可以持续长达 60 天，对于 KIA 而言，最长可达 120 天。在活动期间，平台收集来自支持者的投资，在活动结束后，资金将由官方 PayPal 转移给企业家。在 AON 众筹活动中，企业家设定了固定的筹款目标。如果承诺的总金额小于活动截止日期的目标，则所有筹资金额都将被退回投资者的资金账户，企业家不会收到任何投资。在 Indiegogo 上，这种类型的活动被称为

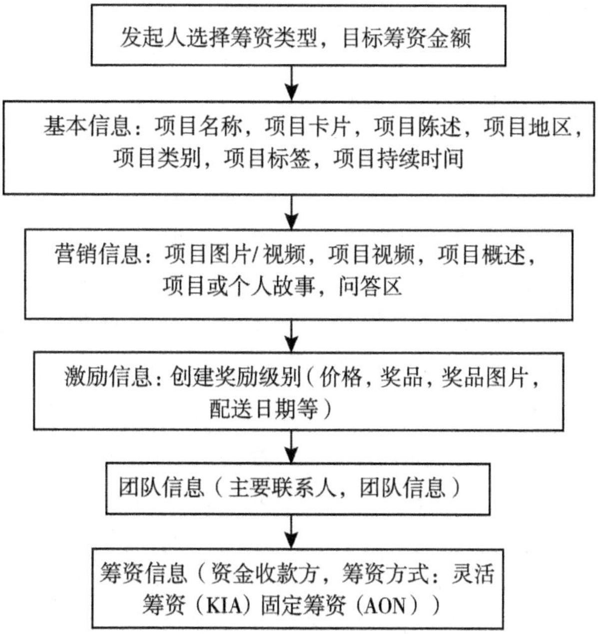

图 7.1 Indiegogo 筹资发起流程图

“Fixed funding 固定资金”，并且该平台对于企业家在活动成功的情况下收取4%的成功费用。在 KIA 活动中，企业家同样设定了固定的筹款目标和截止日期。然而，无论活动的结果如何，企业家都可以选择保留支持者承诺的所有资金，即使没有达到目标。在 Indiegogo 上，这种类型的活动被称为“Flexible funding 灵活资金”。Indiegogo 收取成功活动的5%手续费(如 AON 活动)，在不成功的活动 KIA 活动中，如果筹资者选择留下已获得的筹资金额，则会收取9%的费用。因此，如果筹资者设定筹资模式为 AON，也就意味着自身将承担项目筹资失败的风险，但是如果筹资者选择 KIA 模式，则即使项目筹资也能够继续运行，这种项目失败的风险被投资者分摊。Indiegogo 平台在创建初期基本采用基于 KIA 模式的众筹，获得了大量风险规避的筹资者的欢迎，从 2011 年 11 月开始，Indiegogo 开始为筹资者提供在 KIA 和 AON 之间进行选择的选项。因此，筹资者在制定他/她的活动时必须考虑两个重要决策：资金结构(AON 与 KIA 模型)和筹款目标。

另外，如图 7.1 所示，每个项目还包含了奖励级别。筹资者可以设定一个或多个不同的奖励水平(基于投资者的投资金额)。并且可以自由定义奖励金额和步骤，以及奖励等级的数量。提供的奖励可以是简单表示感谢的邮件信息，也可以使较为贵重的项目产品。通常，项目的奖励是项目的主要产品/衍生品和个性化感谢信息相结合的方式。筹资者也可以设置奖励只能以有限的数量提供(产品的限量版，早期支持者的特殊折扣等)。另外筹资者还需要说明奖品的交付日期和配送细则。但是，即使项目成功，平台也不会为筹资者规定法律义务或为支持者提供担保。

除了这些严格的信息，Indiegogo 还允许企业家提供有关其项目的营销“软”信息。例如索引页面的“项目卡片”(小图像，活动标题和最多 160 个字符的简短描述，类别以及项目地区)。也有其他出现在项目页面上的项目描述：完整的项目描述，长度或形式没有限制(可以包括文本，图片，视频，图表等形式)，另外还有可选的视频节目介绍项目和团队介绍，额外的图片库，相关外部网站或社交网络页面的链接，以及团队描述。每个团队成员还有个人页面，团队成员以图片和文字的形式自我介绍，列出他/她在 Indiegogo 上的活动的经历，以及其他项目的链接，他们支持的活动，推荐(来自外部社交网络的共享链接的点击次数)，他或她对当前或以前的活动所做的点评数量。

项目页面中还有一些随着项目开始时间推移的一些信息流只会随着时间的推移而产生。虽然筹资者在众筹活动开始时提供了目标筹资金额等固定信息，但筹资者可以在活动期间和之后用营销信息更新项目页面，特别是通过发布评论。但是，访客和支持者也可以发表评论或问题，这有利于投资者与筹资者的互动，以及潜在投资者获取更多关于项目的信息。另外，该页面还将自动更新，以提供有关已注册支持者的信息，其中包括项目所提供的不同层次奖励，活动的剩余时间以及实现目标的总体进度所做的承诺。

7.2 理论假设

以往研究表明，由于众筹中存在的信息不对称，潜在的投资者会进行观察学习来减少投资的不确定性，根据项目先前所获得的资金积累来做出支持决定(Thies，2016；Zhang，2012)。此时项目先前的资本积累对于潜在投资者而言就是项目的质量信号，能够有效地减少此项目没有获得足够的资金而进行启动的风险，这种观察学习导致了理性的羊群效应。另一方面，这种投资从某些方面也可以被看作是不计财务回报而去帮助他人完成创业项目的“利他行为”(Mollick，2013)，投资人可能出于个人责任感对于筹资者的创业项目进行支持(Norton，Mochon，and Ariely，2011；Atakan，Bagozzi，and Yoon ，2014)。项目先前的资本积累作为潜在投资者衡量自身出资责任的重要参考因素，在责任扩散效应的影响下对出资者的出资行为产生直接的负面影响，也就是说当出资者感知项目已经获得了足够投资，其分配到自身的个人投资责任感将会下降，从而降低潜在投资者的投资意愿。因此，这两种效应在产品众筹中都是始终存在的，但是这两种效应各自影响的强弱可能会随着众筹模式的不同和项目进度的变化而变化。

AON 模式在某种程度上表明了筹资人对项目具有较强的信心，相对于 KIA 模式，这种模式是一种关于项目较高质量的信号。因而，项目投资者对于 AON 模式下前期的资本积累表现出不敏感的态度，使得羊群效应的影响不显著。同时，随着项目的推进，投资人数的不断增加，此时责任扩散效应逐渐显现，潜在投资者可能会感知到个人责任感的降低，认为项目应当由更有出资能力或投资经验的人来完成(Caplan and Hay，1989)，因此，我们提出以下假设：

H1：在 AON 众筹模式下，项目前期所获得的新支持者受到责任扩散效应的影响与累积支持者呈负相关关系。

在 KIA 众筹模式下，即使项目在规定时间内不能筹集到目标金额，筹资者也能够保留所筹得的资金，筹资人可能缺乏足够的资金来进行固定成本的购置，从而不能为投资者提供其所承诺回报。因此，潜在投资者比在 AON 模式下面临更大的风险，对风险的规避将促使其观察学习并且采取其他大多数支持者的决定，将项目先前的资本积累当成判断项目质量的有效信号，根据他人的投资行为做出自己的投资决策(Herzenstein，et al. 2011；Zhang 和 Liu，2012)。因而，羊群效应的影响将会更为显著。另一方面，在项目前期由于投资者的数量较少，而责任扩散效应的影响与事件参与人数密切相关，项目前期 KIA 模式下的责任扩散效应的影响难以得到体现，在较强的羊群效应的影响下，责任扩散效应将不会对潜在支持者的行为产生显著影响。而在项目的后期，尽管随着筹资项目支持者的数量的增加，筹资进度的推进，个人投资者责任感下降，投资的边际效用不断降低，但一方面项目推进，项目质量信号进一步增强，很多潜在投入者会等待至截止期附近，观察产品众筹成功的可能性；另一方面，由于目标梯度效应的作用，潜在投资人会增强自己的投资意愿以最大限度地实现目标，羊群效应的作用在中后期依然会主导责任扩散效应。因此，我们提出以下假设：

H2：在 KIA 众筹模式下，项目前期所获的新支持者受到羊群效应影响与累积支持者呈现正相关关系。

众筹目标金额将对项目前期支持者的影响起到调节作用。在AON模式下，由于筹资者承担着项目失败的全部风险，通过选择AON模式，筹资者发出项目的高质量信号，与此同时，这种模式也为筹资者带来项目启动失败的高风险，并且当AON模式的筹资项目设置了一个比较高的筹资目标时，筹资者将会承担着更高的项目失败的风险。而对于潜在投资者而言，高的筹资目标在AON模式下强化了这种代价昂贵的高质量信号(Cumming，2014)。因此，这种活动对于潜在支持者而言可能会被认为风险较小，即使项目筹资失败其投资金额也会被退回，从而吸引更多的潜在支持者对项目进行支持。另一方面，较高的目标金额下，需要更多人的投资和参与，责任扩散效应减弱。因此，在AON模式下，较高的筹资目标将起到积极的调节作用。而在KIA模式下，由于投资者需要承担项目启动失败的风险，目标金额越高，项目无法完全筹资的可能性就越高，对于投资者而言投资风险就越大。因此潜在投资者面对这种情况可能会不投资来回避风险。同时，较高的目标金额，将导致前期资金累计比例的下降，不利于项目高质量信息的传递，从而抵消了羊群效应的正面影响。因此我们假设在KIA模式下，较高的筹资目标可能起到负面的调节作用。

H3：在AON众筹模式下，项目前期累积的投资者对潜在投资者的影响受到目标金额正向调节；在KIA的众筹模式下，项目前期累积的投资者对潜在投资者的影响受到目标金额的负向调节。

在筹资项目的末期，由于受到截止日期的影响，责任扩散效应的负面影响可能会减弱。一方面，基于社会偏好理论，在截止日期前做出的动作往往是重要且不可逆转的(Ariely and Simonson，2003)。以往的文献表明，投资者具有帮助筹资者实现创业项目的心理动机，受到利他效应的影响，在截止日期即将到来时，项目面临着筹资不足而失败的风险，支持者更有可能为筹资者提供支持以保证其筹资目标得以完成。另一方面，基于目标梯度效应的文献表明，人们感觉自己更加接近目标时，将会更加有动力去完成自己的目标(Kivetz et al.，2006，Nunes and Dreze，2006)，随着自身与目标的接近程度的增加，人们通过行动来减少当前的筹资进度和目标之间差异的动力将会增加。

在AON模式下目标的达成与否将会直接影响到项目是否成功，虽然在项目筹资的前期和中期，由于离筹资的日期和目标较远，受到责任扩散效应的影响较弱，但随着过去支持者的增加，人们感受到较低的个人责任，从而会减少投资或者不投资。而在截止日期到来时，基于潜在投资者的亲社会动机和目标梯度效应的影响，潜在投资者将会认为自己的投资对于项目的成功是至关重要的，感知到更加强烈的投资的边际效应(Dai 和 Zhang 2017)，人们有更加强烈的动机去帮助筹资者实现其项目目标。因此，在 AON 情境下，我们预期截止日期将会削弱责任效应的扩散。但是在 KIA 模式下，即使筹款失败筹资者也能获得所筹得的部分资金，创业项目依旧可以继续进行，此时筹款目标的激励和筹款截止日期紧迫感的作用难以发挥，这样截止日期的正面调节效应将难以得到体现。因此，我们提出以下假设：

H4：在 AON 模式下，项目前期累积的支持者对于潜在支持者的影响受到截止日期的正向调节；而在 KIA 模式下，截止日期的调节效应不显著。

7.3 实证研究

7.3.1 数据与变量

1. 数据

目前全球最具代表性的 KIA 众筹模式是 2008 年成立的 Indiegogo，是仅次于 Kickstarter 的全球第二大众筹平台，和 Kickstarter 只采用 AON 筹资模式不同，Indiegogo 筹资者可以选择 AON 筹资模式或者是 KIA 筹资模式。本章通过爬虫工具，采集了 Indiegogo 网站开始于 2015 年 11 月，结束于 2018 年 5 月的项目，为了保持变量的完整，去除了所需变量字段是空白的样本，同时为了避免筹资期限所带来的影响，选取筹资期在 60 天的项目样本(占整体样本的 60%左右)，初步得到 100310 个样本。为了避免异常筹资金额给结果带来负面的影响，除去了其中筹资进度为 0%的项目和筹资进度为 500%以上的项目，最后得到的样本数量共有 61930 条，其中 KIA 项目 59825 项，AON 项目 2105 项。

2. 变量设置

这里主要研究众筹累积资金在不同区间对后续投资行为的作用，参考国内外相关实证研究，选择的主要变量为：(1)被解释变量：项目在$(t-1, t]$内新增的投资者的数量；(2)解释变量：项目在时刻 $t-1$ 累计筹资金额和项目目标金额之间的比例；(3)控制变量：包括随时间变化的变量如 t 时期新增的项目更新、剩余时间、t 时期新增评论，以及时间变量来控制时间和季节因素可能会对投资者行为带来影响，不随时间变化的如筹资目标等。具体变量和定义如表 7.1 所示。

表 7.1　　**研究变量汇总表**

变量	名称	简称	变量定义
因变量	新的支持	Backadded	项目在(t-1, t]时间内新增的投资额
自变量	过去的支持	Pastsupport	项目 t-1 为止的累计贡献额和项目目标之间的比例
调节变量	截止日期	lastweek	=1(如果项目成功在筹资周期的最后一周)；否则=0
		Firstweek	=1(如果成功在筹资周期的第一周)；否则=0
	目标金额	Goal	项目 i 的筹资目标金额
控制变量	项目更新	Update	项目 i 的筹资者在时间 t 新增的项目更新数量
	剩余时间	Leftdays	项目 i 在时间 t 的剩余筹资天数
	评论数量	Comment	项目 i 在日期 t 新增的评论数量
	累计筹资金额	Excontri	项目 i 在 t-1 时期累计的筹资金额
	时间变量	Year Month Week	事件发生所在的年、月、周

7.3.2 描述性统计

主要变量的描述性统计如表 7.2 所示。从过去投资者的投资区间分布来看，在 20%~40%投资比例之间进行投资的均值为 0.65，远远高于其他区间进行投资的均值，并且以 20%单位的各个区间，其均值依次减少，大致呈 L 形分布，和 Kickstarter 的 U 形分布有较大差异，同时也可以看出资金累积效应呈边际递减趋势，这和 Bruton(2013)等研究结论一致。

表 7.2　　**变量的描述性统计(N=61930 项目筹资天数=60)**

变量	平均值	标准差	最小值	最大值
$Backadded_{it}$(新增支持金额)	161.9319	2000.886	0	307570
$Backadded_{it}$(新增支持人数)	1.59937	18.50182	0	3219
0~20%$Pastsupport_{it-1}$	0.0181172	0.1333765	0	1
20%~40%$Pastsupport_{it-1}$	0.6541256	0.4756563	0	1
40%~60%$Pastsupport_{it-1}$	0.1521718	0.3591902	0	1

续表

变量	平均值	标准差	最小值	最大值
60%~80%$\text{Pastsupport}_{it-1}$	0.0771355	0.2668084	0	1
80%~100%$\text{Pastsupport}_{it-1}$	0.0411109	0.1985484	0	1
100%~120%$\text{Pastsupport}_{it-1}$	0.0243824	0.1542344	0	1
120%~140%$\text{Pastsupport}_{it-1}$	0.0222186	0.1473951	0	1
140%~160%$\text{Pastsupport}_{it-1}$	0.0076215	0.0869686	0	1
update	0.0431616	0.2256619	0	8
Leftdays	34.53919	16.89211	0	60
Comment	0.0493622	0.9887228	0	183
Excontri	4067.651	14534.86	0	559895
Goal	36898.12	588178.1	250	1.00e+08
Lastweek	0.1473276	0.3544351	0	1
Firstweek	0.3061844	0.460911	0	1

7.3.3 实证模型和分析

1. 计量模型

为了检验本章的假设 H1-H4，我们构建以下基本模型：

$\text{Backadded}_{it} = \text{Pastsupport}_{it-1}\beta_1 + (\text{Pastsupport}_{it-1} * \text{last week}_{it})\beta_2 + (\text{Pastsupport}_{it-1} * \text{firstweek}_{it})\beta_3 + (\text{Pastsupport}_{it-1} * \text{Goal}_i)\beta_4 + X_{it}\beta_5 + \alpha_t\beta_6 + \phi_i + \xi_{it}$，这里 $t=2, \cdots, T_i$，T_i是项目 i 的筹资期间（本模型中的 t 单位为天），Backadded_{it}表示项目 i 在时间 t 所获得的支持者的数量，$\text{Pastsupport}_{it-1}$表示项目 i 在时间 $t-1$ 所获得的累计筹资金额和项目的目标金额之间的比例，Goal_i代表项目 i 的筹资目标金额，lastweek_{it}代表项目 i 在时间 t 所获得的投资是否处于项目筹资期间的最后一周，firstweek_{it}代表项目 i 在时间 t 所获得的投资是否处于项目筹资期间的第一周，X_i代表本模型中所包含的不随时间变化的控制变量，α_t代表本模型中所包含的随时间变化的控制变量，$(\phi_i+\xi_{it})$是模型的复合扰动项，不可观测的变量 ϕ_i代表个体异质性的误差项，ξ_{it}是项目的随机误差项。

根据前人的研究结果，我们推测过去的支持者带来的资本积累和新增支持者之间的关系很有可能是非线性的。因此，我们将 Pastsupport 定义为筹资进度的虚拟变量，分别以筹资进度的 20%(参照组)，40%，60%，80%，100%，120%，160%及以上进行划分，通过对于筹资的不同进度虚拟变量的系数的观察，分别检验在 AON 和 KIA 的情境下，过去支持者对于潜在支持者的投资行为的影响。

2．数据分析

由于直接对数据进行面板数据的 OLS 回归可能会忽略不同个体的异质性，得到的估计是不准确的。通过 Hausman(豪斯曼)检验，本章的研究数据更加适用于固定效应模型，同时由于面板数据的因变量为新增人数，所以将采用泊松面板固定效应模型来对本章的假设进行检验，选择聚类的稳健标准误泊松回归，分析结果如表 7.3 所示。

表 7.3　**未引入交互项 KIA 和 AON 结果对比(因变量：时间 *t* 新的支持金额)**

	AON	KIA
因变量 Backadded		
40% $Pastsupport_{it}$	−0.427 *** (0.098)	0.029 ** (0.013)
60% $Pastsupport_{it}$	0.031(0.075)	0.164 *** (0 .017)
80% $Pastsupport_{it}$	−0.448 *** (0.063)	0 .278 *** (0.0182)
100% $Pastsupport_{it}$	−1.118 *** (0.058)	0.327 *** (0.020)
120% $Pastsupport_{it-1}$	−1.151 *** (0.059)	−0.017(0.025)
140% $Pastsupport_{it-1}$	−1.461 *** (0.060)	0.202 *** (0.027)
160% $Pastsupport_{it-1}$	−0.127(0.083)	−0.030(0.034)
控制变量		
Update	0.046 *** (0.001)	0.441 *** (0.012)
Comment	0.285 *** (0.021)	0.097 *** (0.002)
Leftdays	0.003 ** (0.001)	0.006 *** (0.000)
Excontri	−0.207 *** (0.019)	−0.184 *** (0.005)
Year	Yes	Yes
Month		
Week		

续表

	AON	KIA
Observations	2054(45 groups)	58023(1370 groups)
Prob > chi2	***	***

* 0.05 水平上的显著，** 0.01 水平上的显著，*** 0.001 水平上的显著，圆括号内为稳健标准误。

通过以上数据分析结果我们可以看到 F 检验是显著的，说明本章的模型通过检验，通过未引入交互项的两种筹资情境下的初步检验我们可以看到与 KIA 模式下所得到的结果与我们预测的结果是大致相符的，在 KIA 模式下的众筹项目中，在 0~100%之间的估计系数均为正向的且显著，很显然前期的支持信息对于后续支持者的支持起到正向的影响，说明在 KIA 模式下，在项目的进行过程中，随着前期累计支持的增加，项目的本期新增支持者将会表现出上升的趋势。这有可能意味着筹资进度在一定程度上体现了项目的高质量，后期的支持者在观察到项目进度时更有可能存在理性的羊群行为，认为这是高质项目的体现，能够为自己带来更加稳定和更加高质量的回报。而在项目的完成进度(100%~120%)区间内，前期累积支持数量与后续支持者之间则呈现出负向的关系，虽然系数并不显著，但这与我们的描述性统计所提供的信息是相符的，其原因主要是在项目成功以后，投资人明显感知自己对项目的贡献程度下降，从而投资意愿降低。

在 AON 情境下的众筹项目，在 0~100%之间的估计系数均为负向的且显著，很显然前期的支持信息对于后续支持者的支持起到负向的影响，说明在 AON 模式下，随着项目的进行，随着前期累计支持的增加，项目的本期新增支持者将会表现出下降的趋势。另外在关于控制变量的检验我们可以看到，筹资者进行的更新($p<0.001$)和投资者的评论($p<0.001$)以及筹资者对于奖励级别的设置($p<0.05$)均能够为潜在投资者的投资带来正向的影响。

3. 调节效应

根据(1)式对 AON 情境下的目标和截止日期的调节影响进行分层回归。其中，模型 1 是针对前期累积的支持与目标交互项以及控制变量的回归结果，模型 2 是针对前期累积的支持和截止日期的交互项以及控制变量的回归结果，模型 3 是针对所有的自变量和目标以及截止日期交互项以及控制变量的回归结果。见表 7.4。

表 7.4　　　**AON 情境下调节效应模型(因变量：新的支持者数量)**

	模型 1	模型 2	模型 3
因变量 Backadded			
40%Pastsupport$_{it-1}$	−4. 122(2. 258)	−0. 586 *** (0. 146)	−3. 540 *** (0. 611)
60%Pastsupport$_{it-1}$	−3. 932 ** (1. 474)	0. 121(0. 082)	−2. 695 *** (0. 379)
80%Pastsupport$_{it-1}$	−4. 643 ** (3. 179)	−0. 450 *** (0. 068)	−3. 547 *** (0. 543)
100%Pastsupport$_{it-1}$	−6. 084(2. 146)	−1. 167 *** (0. 068)	−4. 438 *** (0. 574)
120%Pastsupport$_{it-1}$	−13. 200 *** (3. 910)	−1. 426 *** (0. 066)	−10. 493 *** (0. 750)
140%Pastsupport$_{it-1}$	−10. 964 *** (3. 436)	−1. 717 *** (0. 068)	−8. 792 *** (0. 591)
160%Pastsupport$_{it-1}$	−13. 964 *** (2. 291)	−0. 896 *** (0. 0978)	−11. 717 *** (0. 502)
调节变量			
× Goal	0. 438 * (0. 215)		0. 299 *** (0. 056)
	0. 382 ** (0. 144)		0. 287 *** (0. 036)
	0. 489(0. 296)		0. 390 *** (0. 051)
	0. 684 *** (0. 189)		0. 532 *** (0. 054)
	1. 343 *** (0. 343)		1. 110 * (0. 0687)
	1. 188 *** (0. 300)		0. 985 *** (0. 054)
	1. 397 *** (0. 217)		1. 161 *** (0. 049)
×Lastweek		−0. 204(0. 304)	−0. 423(0. 305)
		0. 424 *** (0. 079)	0. 320 *** (0. 080)
		0. 335 *** (0. 076)	0. 315 *** (0. 077)
		−0. 011(0. 081)	−0. 058(0. 083)
		0. 530 *** (0. 099)	0. 458 *** (0. 100)
		3. 134 *** (0. 146)	1. 558 *** (0. 138)
×Firstweek		Yes	Yes
控制变量			
Update	Yes	Yes	Yes
Comment			
Leftdays			

续表

	模型 1	模型 2	模型 3
Excontri	Yes	Yes	Yes
Year			
Month			
Week			
Observations	2054	2054	2054
F-stat	***	***	***

* 0.05 水平上的显著，** 0.01 水平上的显著，*** 0.001 水平上的显著，圆括号内为稳健标准误。

以上从模型 1、模型 2 和模型 3 的分析可以看出在基于奖励的 AON 众筹模式下，项目前期所获得的新支持者与过去的支持者系数为负值，且大部分显著。从而说明责任扩散效应的存在，即过去的支持积累对于新的支持起到了显著的负向的影响，假设 1 得到验证。在模型 1 和模型 3 的自变量和目标金额交互项系数为正，从而说明目标金额可以正向调节前期累积资金对后续支持者的影响；同样，自变量和截止日期的交互项系数为正，从而说明截止日期也可以正向调节前期累积资金对后续支持者的影响。下面将进行 KIA 情境下的过去的支持者对于潜在支持者行为影响的回归，与 AON 情境下的回归使用相同的方法和步骤，可以看到 KIA 情境下的模型进行回归的 F 检验同样是显著的。

表 7.5 的模型 1 是针对前期累积的支持者和目标交互项以及控制变量的回归结果，模型 2 是针对前期累积的支持者和截止日期的交互项以及控制变量的回归结果，模型 3 是针对所有自变量与目标和截止日期交互项以及控制变量的回归结果。从以上模型 1 至模型 3 的结果看到，项目在 20%～100%的筹资期间，主效应系数为正且显著，说明前期的支持积累将会对新的支持者产生显著的正向影响，羊群效应将占据主要影响。从交互项系数可以看出，目标金额和自变量的交互项系数为负且显著，说明目标金额对主效应的负向调节；和假设 4 预测不同的是截止日期和自变量的交互效应也为正值且显著，说明截止日期对于潜在投资者投资行为的影响同样是正向的，即不管是在 AON 还是 KIA 模式下，截止日期的影响都是存在的。其原因可能是无论在何种模式下，潜在投资人在众筹活动的参与中，都体现了较强的亲社会行为，希望通过自己的支持促使项目在最后时刻可以获得成功。因而，在项目截止期会提高投资意愿

(Kuppuswamy，2017)。

表 7.5　　**KIA 情境下调节效应模型(因变量：新的支持者数量)**

	模型 1	模型 2	模型 3
因变量：Backadded			
40%Pastsupport$_{it-1}$	2.549 ** (0.912)	−0.120(0.101)	2.323 *** (0.810)
60%Pastsupport$_{it-1}$	1.433(0.156)	−0.231(0.144)	1.258 *** (0.821)
80%Pastsupport$_{it-1}$	1.587(0.164)	−0.131(0.172)	1.181 *** (1.174)
100%Pastsupport$_{it-1}$	4.045 ** (0.178)	−0.362(0.215)	1.978 *** (1.060)
120%Pastsupport$_{it-1}$	3.389(0.201)	0.648 * (0.249)	1.940 (1.577)
140%Pastsupport$_{it-1}$	0.221(0.272)	0.465 ** (0.207)	0.643(1.397)
160%Pastsupport$_{it-1}$	0.634(0.440)	0.116(0.186)	0.521(1.233)
调节变量			
	−0.247 ** (0.007)		−0.250 *** (0.083)
	−0.124(0.016)		−0.146 *** (0.086)
	−0.130(0.017)		−0.127 *** (0.123)
× Goal	−0.373 ** (0.018)		−0.229 *** (1.110)
	−0.341(0.020)		−0.254 *** (0.167)
	−0.001(0.027)		−0.106 *** (0.141)
	−0.065(0.044)		−0.062(0.125)
		0.972 *** (0.135)	1.002 *** (0.115)
		1.132 *** (0.143)	1.074 *** (0.121)
		1.041 *** (0.244)	1.016 *** (0.233)
×Lastweek		1.505 *** (0.307)	1.413 *** (0.295)
		0.616 *** (0.157)	0.609 *** (0.155)
		1.263(0.320)	1.228 *** (0.321)
		0.206(0.437)	0.223(0.441)
×Firstweek		Yes	Yes
控制变量			

续表

	模型 1	模型 2	模型 3
Update	Yes	Yes	Yes
Comment			
Leftdays			
Excontri			
Year			
Month			
Week			
Observations	58023	58023	58023
F-stat	***	***	***

* 0.05 水平上的显著，** 0.01 水平上的显著，*** 0.001 水平上的显著，圆括号内为稳健标准误。

4. 替代性解释的检验

上文对于新的支持者的衡量采用的是在时期 t 的新增的支持者人数。但可能存在某个时期 t1，支持者数量较小，但是支持者投资较大；而某个时期 t2 支持者数量较大，但支持者投资较小。因此，本章将因变量新的支持定义为新获得的资金数量，在取对数后，在原有匹配的数据中进行进一步的分析，和上文得到类似结果。

7.4 本章小结

我们以全球第二大奖励型众筹平台 Indiegogo 为样本，通过考察不同区间前期累积投资者的投资积累和后期获得新投资者之间关系来研究不同区间内的羊群效应和责任扩散效应，以及项目前期所设置的目标金额和项目截止日期对这种关系所带来的调节。研究发现在 AON 模式中，责任扩散效应的影响始终高于羊群效应的影响。其主要原因是：其一，AON 项目的筹资者将承担着项目筹资失败的所有的风险，筹资者选择 AON 作为自己的筹资模式也就意味着筹资者将自身不能获得任何资金的风险作为一种昂贵的质量信号，从而削弱了羊群效应的影响；其二，在众筹项目中，投资者进行投资并不完全是基于回报的动机，还呈现出一定的亲社会行为，基于个人责任感进行投资。因此，当投资人数逐渐增长，个人责任感会显著降低，责任扩散效应逐渐显现。

在 KIA 项目中，我们得到无论在筹资前期还是后期，投资者的羊群效应的影响都将会高于责任扩散效应的影响。其主要原因是：其一，在 KIA 众筹项目中，无论项目最终有没有达到筹资目标，项目的筹资者都能够拿到已经筹集到的资金，在这种模式下项目的筹资者将项目失败的风险分散给了投资者。因此，在筹资前期，由于投资者不能对项目质量进行先行判断，投资者将更大程度上依靠前期的投资来确定自身的投资决策，羊群效应的影响会更为显著；其二，在筹资后期，虽然同样由于责任扩散效应的影响，当投资人数逐渐增长时，个人投资者责任感将会下降，但由于在筹资后期，筹资进度在很大程度上反映了筹资项目的质量。因此，此时潜在投资者可能认为这个项目更有前景，从而更有可能采取理性的羊群行为。

本章还得到在 AON 模式的众筹目标将会对前期积累和潜在投资者的责任扩散效应起到正面的调节作用，这是由于合理的较大的目标金额将会放大这种质量的正面效应，同时当目标金额较大时，投资者自身的责任感将会得到强化，较大的目标金额将会削弱后期责任扩散效应的影响。因此，对潜在投资者而言，合理的目标金额的设置将会显得尤为重要。在 KIA 模式下，众筹目标将会对于资本积累对潜在投资者的影响产生负面的调节，其主要原因是较高的目标金额所产生的风险不利于项目早期质量信号的传递。另一方面，随着项目的截止日期的到来，无论在 AON 模式还是在 KIA 模式下，由于亲社会行为的作用，截止日期将会对于先前的投资者对潜在投资者的影响起到正向的调节作用。因此，筹资者应当充分应用筹资期间的截止时间，结合信息的更新和评论等对于投资者的投资行为进行促进。根据我们的实证研究的结果，可以得出以下管理启示：

针对项目筹资者，首先应当充分意识到羊群效应和责任扩散效应对项目潜在投资者的投资行为正向和负向的影响，以及这种影响在筹资的不同时期所发生的动态变化；其次，应当充分意识到在筹资期间项目更新对潜在投资者行为的积极促进作用。筹资者在筹资过程中进行合理的项目更新，能够有效地与潜在投资者进行互动，为投资者提供更多的信息，提高潜在投资者进行投资的意愿。为了避免潜在投资者的羊群行为所导致的不合理的资金分配，筹资者还应该加强项目描述信息质量，为项目投资者提供尽可能多的项目信息，从而尽量减少信息不对称的情况。最后，在项目设计上，一方面在选择众筹模式时，由于 AON 模式相对于 KIA 可以在一定程度上传递项目的质量信号，对高质量的项目更多选择 AON 模式，以获取更高的成功率；另一方面还需要充分认识到目标金额和截止日期对潜在投资者投资的正向促进作用，结合不同的融资模式的选择，在 AON 模式下通过较大的目标金额设置来减少责任扩散效应的影响，避免出现中后期筹资进度增长乏力的情况；而在 KIA 模式下通过较小的目标设置通过项目进度传递质量信号。

本章主要采用了 Indiegogo 网站的二手数据，虽然具有较好的外部效度，但对于其他一些变量如潜在投资者的内在动机、风险感知等无法观察和控制，未来可进一步结合问卷或者实验等方法，深入调查潜在的投资的内部动机对投资行为的影响。

第八章　结论和展望

8.1　主要结论

众筹作为一种新兴的融资方式帮助越来越多的企业成功地启动他们的项目或是对创新性产品进行预售，根据项目没有达到预期筹集资金目标，筹资方能否保留已筹资金可以将众筹分为AON(all or nothing)模式和KIA(keep it all)模式。如果项目在规定时间内没有达到筹资目标，AON模式下，项目发起者必须将已筹资金返还给消费者；而在KIA模式下，项目发起者则可以保留已筹资金，并且可以自行决定是否启动项目，是否履行给予消费者的承诺。

目前越来越多的众筹平台开始提供这两种众筹模式以供企业进行选择，为企业提供更加多元化的融资方案，本书旨在研究众筹这种新兴的商业模式如何影响企业的产品线设计以及价格策略选择。本章首先探究了KIA众筹模式以及AON众筹模式下企业的产品线设计以及价格策略选择，并将其与传统模式进行对比。其次，本章将众筹模式的选择纳入企业的决策范围之内，对不同价格策略下企业的最佳众筹模式进行探究；另一方面在不完全信息框架下，讨论了企业面对不同信息发布机制时的决策依据，探讨信息的传递如何影响众筹成功率。对于消费者以及企业我们分别得出如下结论：

在众筹模式中，高、低两种感知价值消费者之间存在着一种协同作用，对于同样一种产品，为了使项目筹得预期资金而启动，高感知价值消费者可能会选择高价格的选项以此来弥补低感知价值消费者对项目投资的不足，而这样一种协同作用在传统模式下是不存在的。

同时发现无论是在KIA众筹模式还是AON众筹模式下，企业都只会在单一低价格策略、菜单价格策略两种价格策略下进行选择。当消费者为高感知价值的可能性较小或消费者感知价值异质性不明显时，企业采用单一低价格策略能够获取更高的利润，这是因为将目标瞄准高感知价值消费者所带来的利润增加不敌项目成功率下降所导致的利润减少。当消费者为高感知价值的可能性较大或消费者感知价值异质性较大时，企业采用菜单价格策略能够获取更高的利润，这是因为将目标瞄准高感知价值消费者所带来的利润增加大于项目成功率下降以及放弃低感知价值消费者部分剩余价值所导致的利润减少。

尽管 KIA 众筹模式与 AON 众筹模式在价格策略的选择上存在着一定的相似，但是两种众筹模式在同样一种价格策略下的产品线设计仍存在着一些不同。KIA 众筹模式下，企业选择菜单价格策略时，企业会完全获取高感知价值消费者的剩余价值，完全放弃从低感知价值消费者身上获取利润。而在 AON 众筹模式下，企业选择菜单价格策略时，只有当消费者为高感知价值的可能性较大或消费者感知价值异质性较大时，企业才会完全放弃从低感知价值消费者身上获取利润。同时，我们发现，相较 AON 众筹模式，传统模式下企业完全放弃从低感知价值消费者身上获取利润时，消费者为高感知价值的可能性更大或消费者感知价值异质性更强。换句话说，当消费者为高感知价值的可能性变大或消费者感知价值异质性增强时，KIA 众筹模式最容易放弃从低感知价值消费者身上获取利润，AON 模式次之，最后才是传统模式。

其主要原因在于不同模式给消费者带来的感知风险不同，KIA 众筹模式下消费者感知风险最大，同时企业利润更加依赖于高感知价值消费者，企业从 L 型消费者身上获取的利润增长不敌因项目成功率下降所导致的利润减少，因此企业完全放弃从 L 型消费者身上获取利润，通过设置价格、质量接近于零的产品，降低预期筹资目标来降低消费者感知风险，促使市场中高感知价值消费者都进行购买。这也就导致了消费者为高感知价值的可能性较小或消费者感知价值异质性较小时，KIA 众筹模式下，产品质量差异要大于传统模式。伴随着消费者为高感知价值的可能性变大或消费者感知价值异质性增强，传统模式下企业也开始放弃 L 型消费者，这是因为此时企业将目标瞄准高感知价值消费者能够带来更多利润，这时 KIA 众筹模式下产品质量差异与传统模式相同。

AON 众筹模式下，此时由于消费者感知风险较小，企业通过放弃 L 型消费者降低预期筹资金额，降低消费者感知风险、提高项目成功率所带来的利润增长并不明显，相反当消费者为高感知价值的可能性较小或消费者感知价值异质性较小时，企业同时从 H、L 两类型消费者身上获取剩余价值带来的利润要更大。此时 H 型消费者不仅要关注自身购买产品的效用，还要关注项目成功的可能性，这种情况在传统模式中是不存在的，这就使得企业能够设置较高的 L 型产品质量，这时 AON 众筹模式下产品的质量差异要小于传统模式。伴随着消费者异质性的增强，AON 众筹模式与 KIA 众筹模式一样会早于传统模式放弃 L 型消费者，此时产品质量差异也会出现大于传统模式的情况。当消费者为高感知价值的可能性或消费者的异质性进一步增强，传统模式下企业也会放弃 L 型消费者，这时 AON 众筹模式与传统模式下产品质量差异相同。

其次，我们研究了在固定价格策略下，企业应选择何种众筹模式。我们发现，当企业选择单一高价格策略时，企业应采用 AON 众筹模式；当企业选择单一低价格策略或动态价格策略时，此时无论企业选择 AON 还是 KIA 众筹模式，企业的期望利润都相同；若企业选择菜单价格策略，当消费者为高感知价值的可能性较小或消费者感知价值异质性不明显时，企业应采用 AON 众筹模式，反之，企业采用两种众筹模式均可。

最后，当消费者对产品的先验认知较高且信号的准确度较高时，顺序发布机制更优。先验认知较高表示众筹产品为有希望的产品，信号的准确度较高表明信号具备有效性，此时消费者接收好信号的可能性较大，通过顺序型信息发布机制，能够实现产品高质量信号的传递，形成社会学习的作用，有效增加后期消费者的投资水平，形成众筹产品的接受群体，从而增加企业的期望利润。

当消费者对产品的先验认知较低或信号的准确度较低时，同时发布机制更优，此时消费者接收好信号的可能性较低，此时采用顺序型信息发布机制更易传递产品的低质量信号，降低后期消费者的投入。采用同时型信息发布机制，不仅能够避免消极信号在消费者之间传递，而且避免消费者的搭便车效应，因此同时型信息发布机制有利于企业利润的增加。

当消费者对产品的先验认知极度高或信号的准确度极度低时，同时发布机制和顺序发布机制无区别。在这两种极端情况下，消费者的投资行为主要受先验认知的控制，此时企业会采用单一低价格策略获取最大利润，在保守的价格设定下，两种信息发布机制并不影响消费者的行为。

8.2 管理启示

以上结论给企业选择众筹模式来进行融资提供了一些有用的建议：

首先，以上结论对企业在不同众筹模式下的价格策略选择给出了一定的理论指导。无论是在 KIA 众筹模式还是 AON 众筹模式，企业根据高感知价值消费者出现的可能性以及消费者感知价值异质性的不同，都只会在单一低价格策略、菜单价格策略两种价格策略下进行选择。当市场中高感知价值消费者较少或消费者感知价值异质性不明显时，企业应选择单一低价格策略；否则，企业应选择菜单价格策略。

其次，以上结论对企业面临不同众筹模式选择时，给予了企业一定的理论指导。虽然 KIA 众筹模式看起来对企业更为有利，但是由于其高风险性，企业并不是总能获取很好的利润。当企业选择采用单一高价格策略、单一低价格策略、动态价格策略时，企业应该选择 AON 众筹模式；当企业选择采用菜单价格策略时，若市场中高感知价值消费者较少或消费者感知价值异质性不明显，企业应选择 AON 众筹模式；否则，企业选择两种众筹模式均可。

最后，以上结论对企业正确的制定信息发布机制提供一定的理论指导。在企业可以自由选择信息发布机制和价格策略时，若企业提供的产品为有希望的产品，在信号准确度有保障的情况下，企业应选择顺序发布机制，促进消费者之间的相互学习。若提供的产品为希望较小的产品或信号的准确度较低时，企业应选择同时发布机制，避免消极信号传递的同时，避免搭便车效应，促使企业获取超额投资。其他情况下，顺序发布机制和同时发布机制无区别。

8.3 研究局限与展望

本研究通过博弈理论构建了一个两阶段模型，力图探究不同众筹模式下企业的价格策略选择以及产品线设计，同时也考虑了在不同价格策略下，企业的最佳众筹模式和信息发布机制的选择，但是本研究也存在着如下局限：

第一，本研究利用博弈理论推导，构建了一个简单的两阶段模型，没有考虑更多阶段下的情形，在现实生活中，众筹筹资期限设置较长，对应的是更多阶段的情况，为了使研究结论更加完善，需补充多阶段情况下两种信息发布机制对消费者投资行为的影响。

第二，本研究两阶段的消费者先验认知始终相同，实际中不同的消费者对相同产品的先验认知是不同的，未来可考虑异质型消费者进入市场的情况。

第三，本研究考虑项目产品质量外生的情况，对产品质量内生的情况未进行考虑。

结合研究现状以及本研究的局限，未来众筹领域内值得研究的方向有很多：

第一，关于顺序和同时两种信息发布机制选择方面，未来的研究可以在本研究的基础上，将博弈模型设置为多阶段(多于两阶段)、不同类型的消费者进入市场、并且考虑质量内生的情形，看看消费者的决策和企业的利润是否会发生变化；

第二，本研究模型中消费者不知道产品的真实质量，只能通过信号的传递逐步对产品的质量进行学习，而实际生活中和学术领域均指出，消费者可以通过付出一定的成本购买信息，来确认产品的真实价值。未来的研究可以结合购买信息这种方式探讨何种信息机制更优。

参 考 文 献

[1] 顾群，翟淑萍．信息披露质量、代理成本与企业融资约束——来自深圳证券市场的经验证据[J]．经济与管理研究，2013(5)：43-48.

[2] 何伟．风险投资中的控制权信号传递博弈分析[J]．财经研究，2005，31(6)：68-77.

[3] 黄健青，陈欢，李大夜．基于顾客价值视角的众筹项目成功影响因素研究[J]．中国软科学，2015(6)：116-127.

[4] 黄玲，周勤．创意众筹的异质性融资激励与自反馈机制设计研究——以“点名时间”为例[J]．中国工业经济，2014(7)：135-147.

[5] 焦微玲，刘敏楼．社会化媒体时代的众筹：国外研究述评与展望[J]．中南财经政法大学学报，2014(5)：65-71.

[6] 刘芸，朱瑞博．专利丛林背景下科技型小微企业融资长效机制构建[J]．经济体制改革，2013(6)：102-106.

[7] 刘志迎，程倩倩．众筹中创新项目质量和报酬率的激励效应研究[J]．上海管理科学，2015，37(3)：13-18.

[8] 彭红枫，米雁翔．信息不对称、信号质量与股权众筹融资绩效[J]．财贸经济，2017，38(5)：80-95.

[9] 郑海超，黄宇梦，王涛，等．创新项目股权众筹融资绩效的影响因素研究[J]．中国软科学，2015(1)：130-138.

[10] Agarwal S，Hauswald R. Distance and Private Information in Lending[J]. Review of Financial Studies，2010，23(7)，2757：2788.

[11] Agrawal A，Catalini C，Goldfarb A. Crowdfunding：Geography，Social Networks，and the Timing of Investment Decisions[J]. Journal of Economics & Management Strategy，2015，24(2)，253：274.

[12] Agrawal A，Catalini C，Goldfarb A. Friends，Family，and the Flat World：The Geography of Crowdfunding[J]. Nber Working Paper，2011.

[13] Agrawal A，Catalini C，Goldfarb A. Some Simple Economics of Crowdfunding

[J]. Innovation Policy & the Economy, 2014, 14(1), 63: 97.

[14] Ahlers G K C, Cumming D, Günther C, et al. Signaling in Equity Crowdfunding [J]. Entrepreneurship Theory & Practice, 2015, 39(4), 955: 980.

[15] Aldrich H E, Ruef M. Organizations Evolving[M]. Organizations evolving. Sage Publications, 2006, 150.

[16] Allison T H, Davis B C, Short J C, et al. Crowdfunding in a Prosocial Microlending Environment: Examining the Role of Intrinsic Versus Extrinsic Cues[J]. Entrepreneurship Theory & Practice, 2015, 39(1), 53: 73.

[17] Baker T, Miner A S, Eesley D T. Improvising firms: bricolage, account giving and improvisational competencies in the founding process [J]. Research Policy, 2003, 32(2), 255: 276.

[18] Bandura A. Social learning theory[J]. Scotts Valley, California, ReCAPP, 1977, 1(1), 33: 52.

[19] Banerjee A V. A Simple Model of Herd Behavior[J]. Quarterly Journal of Economics, 1992, 107(3), 797: 817.

[20] Belleflamme P, Lambert T, Schwienbacher A. Crowdfunding: Tapping the right crowd [J]. Core Discussion Papers, 2011, 29(5), 585: 609.

[21] Belleflamme P, Omrani N, Peitz M. The economics of crowdfunding platforms [J]. Social Science Electronic Publishing, 2015(33), 11: 28.

[22] Belleflamme, P., Lambert, T., & Schwienbacher, A. Crowdfunding: An industrial organization perspective[C]. Proceeding of Digital Business Models: Understanding Strategies, Paris , 2010.

[23] Bhide A. The Origins and Evolution of New Businesses[M]. Oxford University Press, 1999.

[24] Bliegebird R, Smith E A, Alvard M, et al. Signaling Theory, Strategic Interaction, and Symbolic Capital[J]. Current Anthropology, 2005, 46(2), 221: 248.

[25] Burtch G, Ghose A, Wattal S. An Empirical Examination of the Antecedents of Contribution Patterns in Crowdfunded Markets [J]. Information Systems Research, 2013, 24(3), 499: 519.

[26] Chen D, Lin Z. Rational or Irrational Herding in Online Microloan Markets: Evidence from China[G]. Social Science Electronic Publishing, 2014.

[27] Chen Y, Wang Q, Xie J. Online Social Interactions: A Natural Experiment on Word of Mouth Versus Observational Learning [J]. Journal of Marketing Research, 2011, 48(2), 238: 254.

[28] Cholakova M, Clarysse B. Does the Possibility to Make Equity Investments in Crowdfunding Projects Crowd Out Reward-Based Investments? [J]. Entrepreneurship Theory & Practice, 2015, 39(1), 145: 172.

[29] Chris Ward, V. Ramachandran. Crowdfunding the Next Hit: Microfunding Online Experience Goods [J]. Computational Social Science, 2010(1), 1: 5.

[30] Ciuchta M P, Letwin C, Stevenson R M, et al. Regulatory Focus and Information Cues in a Crowdfunding Context[J]. Applied Psychology, 2016.

[31] Connelly B L, Certo S T, Ireland R D, et al. Signaling Theory: A Review and Assessment[J]. Journal of Management Official Journal of the Southern Management Association, 2016, 37(1), 39: 67.

[32] Davidson R, Poor N. Factors for success in repeat crowdfunding: why sugar daddies are only good for Bar-Mitzvahs [J]. InformationCommuni cation & Society, 2016, 19(1), 127: 139.

[33] Duarte J, Siegel S, Young L. Trust and Credit: The Role of Appearance in Peer-to-peer Lending[J]. Review of Financial Studies, 2012, 25(8), 2455: 2483.

[34] Ellison G. A Model of Add-on Pricing, Quarterly[J]. Journal of Economics, 2005, 120(2), 585: 637.

[35] Gerber E M, Hui J. Crowdfunding: Motivations and Deterrents for Participation [J]. ACM Transactions on Computer-Human Interaction, 2014, 20(6), 34: 32.

[36] Gerber E, Hui J, Kuo P Y. Crowdfunding: Why People are Motivated to Post and Fund Projects on Crowdfunding Platforms[J]. Telematics and Informatics, 2019, 41(4), 168: 181.

[37] Gleasure R. Resistance to crowdfunding among entrepreneurs: An impression management perspective[J]. Journal of Strategic Information Systems, 2015, 24 (4), 219: 233.

[38] Gompers P, Lerner J. The Venture Capital Revolution [J]. Journal of Economic Perspectives, 2001, 15(2), 145: 168.

[39] Herzenstein M, Dholakia U M, Andrews R L. Strategic Herding Behavior in Peer-to-Peer Loan Auctions[J]. Journal of Interactive Marketing, 2011, 25(1), 27: 36.

[40] Herzenstein M, Sonenshein S, Dholakia U M. Tell Me a Good Story and I May Lend You Money: The Role of Narratives in Peer-to-Peer Lending Decisions [J]. Journal of Marketing Research, 2011, 48(SPL): S138.

[41] Hobbs J, Grigore G, Molesworth M. Success in the management of crowdfunding projects in the creative industries [J]. Internet Research Electronic Networking Applications & Policy, 2016, 26(1), 146: 166.

[42] Hörisch J. Crowdfunding for environmental ventures: an empirical analysis of the influence of environmental orientation on the success of crowdfunding initiatives [J]. Journal of Cleaner Production, 2015, 107, 636: 645.

[43] Hu M, Li X, Shi M. Product and Pricing Decisions in Crowdfunding[J]. Social Science Electronic Publishing, 2015, 34(3), 331: 345.

[44] Iyer R, Khwaja A I, Luttmer E F P, et al. Screening peers softly: : Inferring the quality of small borrowers[J]. Cid Working Papers, 2009, 62(6), 1554: 1577.

[45] Julie Hui, Elizabeth Gerber, Greenberg M. The Demands of Crowdfunding Work[R]. Northwestern University, Segal Design Institute, 2012.

[46] Kaplan S N, Zingales L. Do Investment-Cash Flow Sensitivities Provide Useful Measures of Financing Constraints? [J]. Quarterly Journal of Economics, 1997, 112 (1), 169: 215.

[47] Kleemann F, Rieder K. Under paid innovators: The commercial utilization of consumer work through crowdsourcing[J]. Science, Technology & Innovation Studies, 2008, 4(1), 5-26.

[48] Kuppuswamy V, Bayus B L. Crowdfunding Creative Ideas: The Dynamics of Project Backers in Kickstarter [J]. Social Science Electronic Publishing, 2013.

[49] Lambert T, & Schwienbacher A. An empirical analysis of crowdfunding[EB/OL]. Social Science Research Network, 2010.

[50] Lee E, Lee B. Herding behavior in online P2P lending: An empirical investigation[M]. Elsevier Science Publishers B. V. 2012.

[51] Li Z, Duan J A. Dynamic Strategies for Successful Online Crowdfunding[G].

Social Science Electronic Publishing, 2014.

[52] Liu T, Schiraldi P. New product launch: herd seeking or herd preventing? [J]. Economic Theory, 2012, 51(3), 627: 648.

[53] Merton R C. A Simple Model of Capital Market Equilibrium with Incomplete Information[J]. Journal of Finance, 1987, 42(3), 483: 510.

[54] Mollick E. The dynamics of crowdfunding: An exploratory study [J]. Journal of Business Venturing, 2013, 29(1), 1: 16.

[55] Mussa M, Rosen S. Monopoly and product quality[J]. Journal of Economic Theory, 1978, 18(2), 301: 317.

[56] Ordanini A, Miceli L, Pizzetti M, et al. Crowd-funding: Transforming customers into investors through innovative service platforms[J]. Journal of Service Management, 2011, 22(4), 443: 470.

[57] Pitschner S, Pitschner-Finn S. Non-profit differentials in crowd-based financing: Evidence from 50,000 campaigns[J]. Economics Letters, 2014, 123(3), 391: 394.

[58] Roels G, Su X. Optimal Design of Social Comparison Effects: Setting Reference Groups and Reference Points[M]. INFORMS, 2014.

[59] Salganik M J, Dodds P S, Watts D J. Experimental Study of Inequality and Unpredictability in an Artificial Cultural Market[J]. Science, 2006, 311 (5762): 854-856.

[60] Schwienbacher A, Larralde B. Crowdfunding of small entrepreneurial ventures [J]. Ssrn Electronic Journal, 2010.

[61] Tirole J. The theory of industrial organization. The MIT Press [J]. Economica, 1988, 56(223), 226: 227.

[62] Tucker C, Zhang J. How Does Popularity Information Affect Choices? A Field Experiment[M]. INFORMS, 2011.

[63] Vesterlund L. The informational value of sequential fundraising[J]. Journal of Public Economics, 2003, 87(3-4), 627: 657.

[64] Xu B, Zheng H, Xu Y, et al. Configurational paths to sponsor satisfaction in crowdfunding[J]. Journal of Business Research, 2016, 69(2), 915: 927.

[65] Zhang J, Liu P. Rational Herding in Microloan Markets[M]. INFORMS, 2012.

[66] Zhang J, Liu Y, Chen Y. Social Learning in Networks of Friends versus

Strangers [G]. Social Science Electronic Publishing, 2015, 34 (4): 150407104839009.

[67] Zhang J. The Sound of Silence: Observational Learning in the U. S. Kidney Market[J]. Marketing Science, 2010, 29(2), 315: 335.

[68] Zheng H, Hung J L, Qi Z, et al. The role of trust management in reward-based crowdfunding[J]. Online Information Review, 2016, 40(1), 97: 118.

附　　录

结论 3.1 的证明：

(1)当 $\frac{H}{L} \geqslant \frac{1+\alpha}{\alpha}$ 时，

$\Omega_{\mathrm{AON}}^{ML} = \frac{\alpha(2-\alpha)}{2}H^2$， $\Omega_{\mathrm{AON}}^{MH} = \alpha H^2$，

$\Omega_{\mathrm{AON}}^{MH} - \Omega_{\mathrm{AON}}^{ML} = \frac{\alpha^2}{2}H^2 > 0$，因此 $\Omega_{\mathrm{AON}}^{MH} > \Omega_{\mathrm{AON}}^{ML}$。

(2)当 $2-\alpha \leqslant \frac{H}{L} \leqslant \frac{1+\alpha}{\alpha}$ 时，

$\Omega_{\mathrm{AON}}^{ML} = \frac{\alpha(2-\alpha)}{2}[(1+\alpha^2)H^2 - 2\alpha(1+\alpha)HL + (1+\alpha)^2L^2]$,$\Omega_{\mathrm{AON}}^{MH} = \alpha H^2$

$$\begin{aligned}\Delta\Omega &= \Omega_{\mathrm{AON}}^{ML} - \Omega_{\mathrm{AON}}^{MH} \\ &= \frac{\alpha(2-\alpha)L^2}{2}\left[\left(1+\alpha^2-\frac{2}{2-\alpha}\right)\frac{H^2}{L^2} - 2\alpha(1-\alpha)\frac{H}{L} + (1+\alpha)^2\right]\end{aligned}$$

$$A = 1+\alpha^2-\frac{2}{2-\alpha} = \frac{-\alpha(\alpha-1)^2}{2-\alpha} < 0$$

$$\frac{-B}{2A} = 2\alpha(1+\alpha)\frac{\alpha-2}{\alpha(\alpha-1)^2} = \frac{\alpha^2-\alpha-2}{(\alpha-1)^2} < 0$$

因此该抛物线是开口向下，且在 $\left[2-\alpha,\ \frac{1+\alpha}{\alpha}\right]$ 单调递减。

$$\Delta\Omega(2-\alpha) = \frac{\alpha(2-\alpha)L^2}{2}(\alpha^4-2\alpha^3+4\alpha^2-4\alpha+1)$$

另 $f(\alpha) = \alpha^4-2\alpha^3+4\alpha^2-4\alpha+1 = (\alpha-1)(\alpha^3-\alpha^2+3\alpha-1)$，对其求一阶导有 $f'(\alpha) = 4\alpha^3-6\alpha^2+8\alpha-4$，求二阶导有 $f''(\alpha) = 12\alpha^2-12\alpha+8>0$，因此一阶导数单调递增，且 $f'(\alpha)$ 在(0，1)上的值域为(－4，2)。假设 a 为 $f'(\alpha)=0$ 在(0，1)的解，则 $f(\alpha)$ 在(0，a)上单调递减，在(a，1)上单调递增，又因为 $f(0)=1$, $f(1)=0$，因此在(0，1)上存在唯一一点 b 使得 $f(\alpha)=0$

即使得 $\alpha^3-\alpha^2+3\alpha-1=0$，此时 $\Delta\Omega(2-\alpha)=0$。由此可知，当 $\alpha\in(0,b)$ 时，$\Delta\Omega(2-\alpha)>0$；当 $\alpha\in(b,1)$ 时，$\Delta\Omega(2-\alpha)<0$。

①当 $\alpha\in(b,1)$ 时，$\Delta\Omega(2-\alpha)<0$，又因为 $\Delta\Omega$ 在 $\left[2-\alpha,\frac{1+\alpha}{\alpha}\right]$ 单调递减，因此 $\Delta\Omega$ 在 $\left[2-\alpha,\frac{1+\alpha}{\alpha}\right]$ 上始终小于 0。

②当 $\alpha\in(0,b)$ 时，$\Delta\Omega(2-\alpha)>0$，$\Delta\Omega\left(\frac{1+\alpha}{\alpha}\right)=\frac{\alpha(2-\alpha)L^2}{2}\frac{-\alpha(1+\alpha)^2}{\alpha^2(2-\alpha)}<0$，又因为 $\Delta\Omega$ 在 $\left[2-\alpha,\frac{1+\alpha}{\alpha}\right]$ 单调递减，因此在 $\left[2-\alpha,\frac{1+\alpha}{\alpha}\right]$ 上存在唯一一点 $c=\frac{(1+\alpha)\left[\sqrt{\alpha(2-\alpha)}-\alpha(2-\alpha)\right]}{\alpha(\alpha-1)^2}$ 使得 $\Delta\Omega=0$，且 $\frac{H}{L}\in[2-\alpha,c]$ 时，$\Delta\Omega>0$；$\frac{H}{L}\in\left[c,\frac{1+\alpha}{\alpha}\right]$ 时，$\Delta\Omega<0$。

(3) 当 $1\leqslant\frac{H}{L}\leqslant 2-\alpha$ 时，

$$\Omega_{\text{AON}}^{ML}=\frac{\alpha(2-\alpha)}{2}[(1+\alpha^2)H^2-2\alpha(1+\alpha)HL+(1+\alpha)^2L^2]$$

$$\Omega_{\text{AON}}^{MH}=\frac{\alpha(2-\alpha)}{1-\alpha}[H^2-2HL+(2-\alpha)L^2]$$

$$\begin{aligned}\Delta\Omega&=\Omega_{\text{AON}}^{ML}-\Omega_{\text{AON}}^{MH}\\&=\frac{\alpha(2-\alpha)L^2}{2}\left[\left(1+\alpha^2-\frac{2}{2-\alpha}\right)\frac{H^2}{L^2}-\left(2\alpha+2\alpha^2-\frac{4}{1-\alpha}\right)\frac{H}{L}+\right.\\&\left.\left(1+2\alpha+\alpha^2-\frac{4-2\alpha}{1-\alpha}\right)\right]\\&=\frac{\alpha(2-\alpha)L^2}{2}\left[\left(\frac{-\alpha^3+\alpha^2-\alpha-1}{1-\alpha}\right)\frac{H^2}{L^2}+\left(\frac{4+2\alpha^3-2\alpha}{1-\alpha}\right)\frac{H}{L}+\right.\\&\left.\left(1+2\alpha+\alpha^2-\frac{4-2\alpha}{1-\alpha}\right)\right]\end{aligned}$$

$$A=1+\alpha^2-\frac{2}{2-\alpha}=\frac{-\alpha^3+\alpha^2-\alpha-1}{1-\alpha}<0$$

$$\frac{-B}{2A}=\frac{4+2\alpha^3-2\alpha}{1-\alpha}\frac{1-\alpha}{2(\alpha^3-\alpha^2+\alpha+1)}=\frac{2+\alpha^3-\alpha}{\alpha^3-\alpha^2+\alpha+1}$$

$$\frac{-B}{2A}-1=\frac{2+\alpha^3-\alpha}{\alpha^3-\alpha^2+\alpha+1}-1=\frac{\alpha^2-2\alpha+1}{\alpha^3-\alpha^2+\alpha+1}>0$$

$$\frac{-B}{2A}-(2-\alpha)=\frac{2+\alpha^3-\alpha}{\alpha^3-\alpha^2+\alpha+1}-(2-\alpha)=\frac{\alpha^4-2\alpha^3+3\alpha^2-2\alpha}{\alpha^3-\alpha^2+\alpha+1}<0$$

因此该抛物线是开口向下，且对称轴位于$(1, 2-\alpha)$之间。

$$\Delta\Omega(1)=0$$

$$\Delta\Omega(2-\alpha)=\frac{\alpha(2-\alpha)L^2}{2}\frac{1}{1-\alpha}(-\alpha^5+3\alpha^4-6\alpha^3+8\alpha^2-5\alpha+1)$$

$$=-\frac{\alpha(2-\alpha)L^2}{2}\frac{1}{1-\alpha}(\alpha-1)^2(\alpha^3-\alpha^2+3\alpha-1)$$

另$g(\alpha)=\alpha^3-\alpha^2+3\alpha-1$，对其求一阶导数有$g'(\alpha)=3\alpha^2-2\alpha+3$在$(0, 1)$上的值域为$(8/3, 4)$，因此$g(\alpha)$在$(0, 1)$上单调递增且其值域为$(-1, 2)$。由此可知$(0, 1)$上存在唯一解$b$使得$\alpha^3-\alpha^2+3\alpha-1=0$，即$(0, 1)$上存在唯一解$b$使得$\Delta\Omega(2-\alpha)=0$。且当$\alpha\in(0, b]$时，$\Delta\Omega(2-\alpha)\geqslant 0$；当$\alpha\in(b, 1)$时，$\Delta\Omega(2-\alpha)<0$。

①当$\alpha\in(0, b]$时，$\Delta\Omega(1)=0$，$\Delta\Omega(2-\alpha)\geqslant 0$，又因为抛物线在$(1, 2-\alpha)$上先增后减，所以当$\frac{H}{L}\in[1, 2-\alpha]$时$\Delta\Omega\geqslant 0$

②当$\alpha\in[b, 1)$时，$\Delta\Omega(1)=0$，$\Delta\Omega(2-\alpha)\leqslant 0$，又因为抛物线在$(1, 2-\alpha)$上先增后减，所以当$\frac{H}{L}\in[1, 2-\alpha]$时存在唯一点$d=\frac{\alpha^3+\alpha^2-3\alpha+3}{\alpha^3-\alpha^2+\alpha+1}$使得$\Delta\Omega=0$。且当$\frac{H}{L}\in[1, d]$时，$\Delta\Omega\geqslant 0$；当$\frac{H}{L}\in[d, 2-\alpha]$，$\Delta\Omega\leqslant 0$。

结论 3.2 的证明：

通过以上结论1和引理可以得到：当$H/L\geqslant 1/\alpha$时，两种机制下的产品线一样；

当$\alpha\in(0, b]$，$c\leqslant H/L\leqslant 1/\alpha$时，或者当$\alpha\in[b, 1]$，$2-\alpha\leqslant H/L\leqslant 1/\alpha$时，

$$(Q_H-Q_L)-(Q_H^T-Q_L^T)=(L-\alpha H)/(1-\alpha)\geqslant 0;$$

当$\alpha\in[b, 1]$，$d\leqslant H/L\leqslant 2-\alpha$时，

$$(Q_H-Q_L)-(Q_H^T-Q_L^T)=(H-L)\geqslant 0$$

当$\alpha\in(0, b]$，$1\leqslant H/L\leqslant c$，或者$\alpha\in[b, 1]$，$1\leqslant H/L\leqslant d$时，

$$(Q_H-Q_L)-(Q_H^T-Q_L^T)=-\alpha^2(H-L)/(1-\alpha)\leqslant 0$$

从而结论 3.2 得以证明。

结论 3.3 的证明：

1. menu pricing 与 margin

在 menu pricing 中，当 $\frac{H}{L}$ 和 α 位于区域 II 和区域 III 时，相应的利润函数分别为：

$$\frac{\alpha(2-\alpha)}{1-\alpha}[H^2-2HL+(2-\alpha)L^2]$$

$$\frac{\alpha(2-\alpha)}{2}[(1+\alpha^2)H^2-2\alpha(1+\alpha)HL+(1+\alpha)^2L^2]$$

两种利润在各自占优的区域均大于 αH^2，又因为 margin 策略下的利润 $\Omega_{AON}^H=\alpha^2H^2<\alpha H^2(\alpha\in(0,1))$，因此 menu pricing 始终优于 margin，即 margin 无法为最优策略。

2. menu pricing 与 Intertemporal pricing

在 menu pricing 中 $\frac{\alpha(2-\alpha)}{1-\alpha}[H^2-2HL+(2-\alpha)L^2]$、$\frac{\alpha(2-\alpha)}{2}[(1+\alpha^2)H^2-2\alpha(1+\alpha)HL+(1+\alpha)^2L^2]$ 两种利润在各自占优的区域均大于 αH^2，又因为 intertemporal 策略下的利润 $\Omega_{AON}^D=\frac{\alpha}{2}(H^2+L^2)<\alpha H^2(\alpha\in(0,1))$，因此 menu pricing 始终优于 intertemporal 策略，即 intertemporal 策略无法为最优策略。

3. menu pricing 与 volume

(1) 当 $\alpha\in(0,b]$，$\frac{H}{L}\geqslant c$ 或 $\alpha\in[b,1)$，$\frac{H}{L}\geqslant 2-\alpha$ 时，$\Omega_{AON}^M=\alpha H^2$，$\Omega_{AON}^L=\mathrm{L}^2$。

令 $\Omega_{AON}^M\geqslant\Omega_{AON}^L$ 得到 $\frac{H}{L}\geqslant\sqrt{\frac{1}{\alpha}}$，

当 $\alpha\in(0,b]$ 时，令 $\sqrt{\frac{1}{\alpha}}\geqslant c=\frac{(1+\alpha)\left[\sqrt{\alpha(2-\alpha)}-\alpha(2-\alpha)\right]}{\alpha(\alpha-1)^2}$，得到 $\alpha_1\leqslant\alpha\leqslant b$；

当 $\alpha\in[b,1)$ 时，令 $\sqrt{\frac{1}{\alpha}}\geqslant 2-\alpha$，得到 $b\leqslant\alpha\leqslant\frac{3-\sqrt{5}}{2}$；

综上：①当 $\alpha\in(0,\alpha_1]$、$\frac{H}{L}\geqslant c$ 或 $\alpha\in\left[\alpha_1,\frac{3-\sqrt{5}}{2}\right]$、$\frac{H}{L}\geqslant\sqrt{\frac{1}{\alpha}}$ 或

$\alpha \in \left[\frac{3-\sqrt{5}}{2}, 1\right)$、$\frac{H}{L} \geqslant 2-\alpha$ 时，menu pricing 价格策略最优，此时企业会通过产品价格质量使得两阶段进入的 H 型消费者均选择 H 型产品，企业提供的产品分别为$(Q_H, P_H)=(H, H^2)$，$(Q_L, P_L)=(0, 0)$。

②当 $\alpha \in [\alpha_1, b]$、$c \leqslant \frac{H}{L} \leqslant \sqrt{\frac{1}{\alpha}}$ 或 $\alpha \in \left[b, \frac{3-\sqrt{5}}{2}\right]$、$2-\alpha \leqslant \frac{H}{L} \leqslant \sqrt{\frac{1}{\alpha}}$ 时，volume 价格策略最优，企业利润最大。

(2)当 $\alpha \in [b, 1)$，$d \leqslant \frac{H}{L} \leqslant 2-\alpha$ 时，$\Omega_{AON}^{M}=\frac{\alpha(2-\alpha)}{1-\alpha}[H^2-2HL+(2-\alpha)L^2]$，$\Omega_{AON}^{L}=L^2$。

令 $\Omega_{AON}^{M} \geqslant \Omega_{AON}^{L}$ 得到：

$$(2\alpha-\alpha^2)\frac{H^2}{L^2}-(4\alpha-2\alpha^2)\frac{H}{L}+(\alpha^3-4\alpha^2+5\alpha-1)>0$$

$$\Delta=4(2\alpha-\alpha^2)(1-\alpha)^3>0$$

求根公式求解得到：

$$\frac{H}{L} \geqslant 1+\frac{(1-\alpha)\sqrt{(2\alpha-\alpha^2)(1-\alpha)}}{2\alpha-\alpha^2}>1$$

$$\frac{H}{L} \leqslant 1-\frac{(1-\alpha)\sqrt{(2\alpha-\alpha^2)(1-\alpha)}}{2\alpha-\alpha^2}<1\text{(舍)}$$

又因为 $1+\frac{(1-\alpha)\sqrt{(2\alpha-\alpha^2)(1-\alpha)}}{2\alpha-\alpha^2}$ 在(0，1)上恒大于 d，

另 $1+\frac{(1-\alpha)\sqrt{(2\alpha-\alpha^2)(1-\alpha)}}{2\alpha-\alpha^2} \leqslant 2-\alpha$ 得到 $b<\frac{3-\sqrt{5}}{2} \leqslant \alpha<1$

综上：①当 $\alpha \in [b, \frac{3-\sqrt{5}}{2}]$、$d \leqslant \frac{H}{L} \leqslant 2-\alpha$ 或 $\alpha \in [\frac{3-\sqrt{5}}{2}, 1)$，$d \leqslant \frac{H}{L} \leqslant 1+\frac{(1-\alpha)\sqrt{(2\alpha-\alpha^2)(1-\alpha)}}{2\alpha-\alpha^2}$ 时，企业选择 volume 价格策略最优，此时企业利润最大。

② $\alpha \in \left[\frac{3-\sqrt{5}}{2}, 1\right]$、$1+\frac{(1-\alpha)\sqrt{(2\alpha-\alpha^2)(1-\alpha)}}{2\alpha-\alpha^2} \leqslant \frac{H}{L} \leqslant 2-\alpha$ 时，企业选择 menu pricing 价格策略最优，企业利润最大，此时企业会通过产品价

格质量使得两阶段进入的 H 型消费者均选择 H 型产品，企业提供的产品分别为$(Q_H, P_H)=(H, H^2)$，$(Q_L, P_L)=\left(\frac{(2-\alpha)L-H}{1-\alpha}, \frac{(2-\alpha)L^2-HL}{1-\alpha}\right)$。

(3)当$\alpha\in(0, b]$，$1\leqslant\frac{H}{L}\leqslant c$或$\alpha\in[b, 1)$，$1\leqslant\frac{H}{L}\leqslant d$时，

$\Omega_{\text{AON}}^{M}=\frac{\alpha(2-\alpha)}{2}[(1+\alpha^2)H^2-2\alpha(1+\alpha)HL+(1+\alpha)^2L^2]$，$\Omega_{\text{AON}}^{L}=L^2$。

令$\Omega_{\text{AON}}^{M}\geqslant\Omega_{\text{AON}}^{L}$得到

$$(-\alpha^4+2\alpha^3-\alpha^2+2\alpha)\frac{H^2}{L^2}-(-2\alpha^4+2\alpha^3+4\alpha^2)\frac{H}{L}+(-\alpha^4+3\alpha^2+2\alpha-2)\geqslant 0$$

$$\Delta=4\alpha(1-\alpha)^2(-\alpha^3+2\alpha+4)>0$$

由求根公式可得$\frac{H}{L}\geqslant\frac{\alpha^4-\alpha^3-2\alpha^2-\sqrt{4\alpha-6\alpha^2+\alpha^4+2\alpha^5-\alpha^6}}{\alpha^4-2\alpha^3+\alpha^2-2\alpha}>1$

或$\frac{H}{L}\leqslant\frac{\alpha^4-\alpha^3-2\alpha^2+\sqrt{4\alpha-6\alpha^2+\alpha^4+2\alpha^5-\alpha^6}}{\alpha^4-2\alpha^3+\alpha^2-2\alpha}<1$(舍)

又因为$\frac{\alpha^4-\alpha^3-2\alpha^2-\sqrt{4\alpha-6\alpha^2+\alpha^4+2\alpha^5-\alpha^6}}{\alpha^4-2\alpha^3+\alpha^2-2\alpha}>d$在(0, 1)上恒成立，令

$$c=\frac{(1+\alpha)\left[\sqrt{\alpha(2-\alpha)}-\alpha(2-\alpha)\right]}{\alpha(\alpha-1)^2}$$
$$=\frac{\alpha^4-\alpha^3-2\alpha^2-\sqrt{4\alpha-6\alpha^2+\alpha^4+2\alpha^5-\alpha^6}}{\alpha^4-2\alpha^3+\alpha^2-2\alpha}$$

可得其在$(0, b)$上有唯一解α_1，且$\alpha\in(0, \alpha_1)$时

$$c\geqslant\frac{\alpha^4-\alpha^3-2\alpha^2-\sqrt{4\alpha-6\alpha^2+\alpha^4+2\alpha^5-\alpha^6}}{\alpha^4-2\alpha^3+\alpha^2-2\alpha}。$$

综上：①当$\alpha\in(0, \alpha_1]$，$\frac{\alpha^4-\alpha^3-2\alpha^2-\sqrt{4\alpha-6\alpha^2+\alpha^4+2\alpha^5-\alpha^6}}{\alpha^4-2\alpha^3+\alpha^2-2\alpha}\leqslant\frac{H}{L}\leqslant c$时，企业选择 menu pricing 价格策略最优，企业利润最大，此时企业会通过产品价格质量使得第一阶段进入的 H 型消费者选择 H 型产品、第二阶

段进入的 H 型消费者选择 L 型产品，企业提供的产品分别为$(Q_H, P_H)=(H, H^2-\alpha(H-L))$，$(Q_L, P_L)=(L-\alpha(H-L), L)$。

②当$\alpha\in(0, \alpha_1]$、$1\leqslant\frac{H}{L}\leqslant\frac{\alpha^4-\alpha^3-2\alpha^2-\sqrt{4\alpha-6\alpha^2+\alpha^4+2\alpha^5-\alpha^6}}{\alpha^4-2\alpha^3+\alpha^2-2\alpha}$，或$\alpha\in[\alpha_1, b]$、$1\leqslant\frac{H}{L}\leqslant c$，或$\alpha\in[b, 1]$、$1\leqslant\frac{H}{L}\leqslant d$，时，企业选择 volume 价格策略最优，企业利润最大。

结论 4.1 证明：

1. 各情况下利润分析

① B_1 为 L 型消费者时选择 P_L，此时若 B_2 为 H 型消费者则选择 P_H，B_2 为 L 型消费者则不投；B_1 为 H 型消费者时选择 P_H，此时无论 B_2 为 H 型还是 L 型消费者均选择 P_L。

此时，$\alpha(L-P_L)-(1-\alpha)P_L\geqslant 0$；$H-P_H\geqslant\alpha(H-P_L)-(1-\alpha)P_L$

因此，$P_L\leqslant\alpha L$，$P_H\leqslant(1-\alpha)H+\alpha L$

企业为使自身利润最大化选择 $P_L=\alpha L$，$P_H=(1-\alpha)H+\alpha L$，此时企业期望利润为 $\pi_{\mathrm{KIA}}^{\mathrm{M1}}=[\alpha^2+2\alpha(1-\alpha)](P_H+P_L)=(\alpha^3-3\alpha^2+2\alpha)H+(4\alpha^2-2\alpha^3)L$

② B_1 为 L 型消费者时选择 P_L，此时若 B_2 为 H 型消费者则选择 P_H，B_2 为 L 型消费者则不投；B_1 为 H 型消费者时选择 P_L，此时若 B_2 为 H 型消费者则选择 P_H，B_2 为 L 型消费者则不投。

此时，$\alpha(L-P_L)-(1-\alpha)P_L\geqslant 0$；$H-P_H\leqslant\alpha(H-P_L)-(1-\alpha)P_L$

因此，$P_L\leqslant\alpha L$，$(1-\alpha)H+\alpha L\leqslant P_H\leqslant H$

企业为使自身利润最大化选择 $P_L=\alpha L$，$P_H=H$，此时企业期望利润为 $\pi_{\mathrm{KIA}}^{\mathrm{M2}}=\alpha(P_H+P_L)=\alpha H+\alpha^2 L$

③ B_1 为 L 型消费者时不进入市场；B_1 为 H 型消费者时选择 P_H，此时无论 B_2 为 H 型还是 L 型消费者均选择 P_L。

(1) $1\leqslant\frac{H}{L}\leqslant\frac{1}{\alpha}$时，由上可知，$\pi_{\mathrm{KIA}}^{\mathrm{M1}}=(\alpha^3-3\alpha^2+2\alpha)H+(4\alpha^2-2\alpha^3)L$，$\pi_{\mathrm{KIA}}^{\mathrm{M2}}=\alpha H+\alpha^2 L$，$\pi_{\mathrm{KIA}}^{\mathrm{M3}}=\alpha(H+L)$，$\pi_{\mathrm{KIA}}^{\mathrm{M4}}=\alpha^2(H+L)$。显而易见，$\pi_{\mathrm{KIA}}^{\mathrm{M3}}\geqslant\pi_{\mathrm{KIA}}^{\mathrm{M2}}\geqslant\pi_{\mathrm{KIA}}^{\mathrm{M4}}$。

另 $\pi_{\mathrm{KIA}}^{\mathrm{M1}}-\pi_{\mathrm{KIA}}^{\mathrm{M3}}=\alpha[(\alpha^2-3\alpha+2)H+(4\alpha-2\alpha^2-1)L]\geqslant 0$，有 $\alpha\in\left(0, \frac{3-\sqrt{5}}{2}\right)$ 时，$\frac{H}{L}\geqslant\frac{2\alpha^2-4\alpha+1}{\alpha^2-3\alpha+1}$；$\alpha\in\left(\frac{3-\sqrt{5}}{2}, 1\right)$，$\frac{H}{L}\leqslant\frac{4\alpha-2\alpha^2-1}{3\alpha-\alpha^2-1}$；$\alpha=$

$\frac{3-\sqrt{5}}{2}$时，$\pi_{\text{KIA}}^{\text{M1}}-\pi_{\text{KIA}}^{\text{M3}}>0$。

又因为$\frac{2\alpha^2-4\alpha+1}{\alpha^2-3\alpha+1}<1$在$\alpha\in\left(0,\ \frac{3-\sqrt{5}}{2}\right)$上，$\frac{4\alpha-2\alpha^2-1}{3\alpha-\alpha^2-1}>1$在$\alpha\in\left(\frac{3-\sqrt{5}}{2},\ 1\right)$上，$\frac{4\alpha-2\alpha^2-1}{3\alpha-\alpha^2-1}\leqslant\frac{1}{\alpha}$在$\left[\frac{1}{2},\ 1\right)$上。所以有，①$\alpha\in\left(0,\ \frac{1}{2}\right]$时，$1\leqslant\frac{H}{L}\leqslant\frac{1}{\alpha}$，$\pi_{\text{KIA}}^{\text{M1}}$占优；②$\alpha\in\left[\frac{1}{2},\ 1\right)$时，$1\leqslant\frac{H}{L}\leqslant\frac{4\alpha-2\alpha^2-1}{3\alpha-\alpha^2-1}$，$\pi_{\text{KIA}}^{\text{M1}}$占优；$\frac{4\alpha-2\alpha^2-1}{3\alpha-\alpha^2-1}\leqslant\frac{H}{L}\leqslant\frac{1}{\alpha}$，$\pi_{\text{KIA}}^{\text{M3}}$占优。

(2) $\frac{H}{L}\geqslant\frac{1}{\alpha}$时，$\pi_{\text{KIA}}^{\text{M1}}=(\alpha^3-3\alpha^2+2\alpha)H+(4\alpha^2-2\alpha^3)L$，$\pi_{\text{KIA}}^{\text{M2}}=\alpha H+\alpha^2L$，$\pi_{\text{KIA}}^{\text{M3}}=(\alpha-\alpha^2)H+2\alpha L$，$\pi_{\text{KIA}}^{\text{M4}}=\alpha^2(H+L)$。显而易见，$\pi_{\text{KIA}}^{\text{M2}}\geqslant\pi_{\text{KIA}}^{\text{M4}}$。因此，

①当$\alpha\in\left(0,\ \frac{3-\sqrt{5}}{2}\right]$，$\frac{H}{L}\geqslant1$，或$\alpha\in\left(\frac{3-\sqrt{5}}{2},\ \frac{1}{2}\right]$，$1\leqslant\frac{H}{L}\leqslant\frac{3\alpha-2\alpha^2}{3\alpha-\alpha^2-1}$，或$\alpha\in\left[\frac{1}{2},\ \frac{2}{3}\right]$，$2\leqslant\frac{H}{L}\leqslant\frac{3\alpha-2\alpha^2}{3\alpha-\alpha^2-1}$时，或$\alpha\in\left[\frac{1}{2},\ 1\right]$，$1\leqslant\frac{H}{L}\leqslant\frac{4\alpha-2\alpha^2-1}{3\alpha-\alpha^2-1}$，企业设置价格为$(P_L,\ P_H)=(\alpha L,\ (1-\alpha)H+\alpha L)$；

②当$\alpha\in\left(\frac{3-\sqrt{5}}{2},\ \frac{2}{3}\right]$，$\frac{H}{L}\geqslant\frac{3\alpha-2\alpha^2}{3\alpha-\alpha^2-1}$，或$\alpha\in\left[\frac{2}{3},\ 1\right)$，$\frac{H}{L}\geqslant\frac{2-\alpha}{\alpha}$时，企业设置价格为$(\alpha L,\ H)$；

③当$\alpha\in\left[\frac{1}{2},\ \frac{2}{3}\right]$，$\frac{1}{\alpha}\leqslant\frac{H}{L}\leqslant2$，或$\alpha\in\left[\frac{2}{3},\ 1\right)$，$\frac{1}{\alpha}\leqslant\frac{H}{L}\leqslant\frac{2-\alpha}{\alpha}$，企业设置价格为

$(P_L,\ P_H)=(L,\ (1-\alpha)H+L)$；

④$\alpha\in\left[\frac{1}{2},\ 1\right)$时，$\frac{4\alpha-2\alpha^2-1}{3\alpha-\alpha^2-1}\leqslant\frac{H}{L}\leqslant\frac{1}{\alpha}$，企业设置价格为$(P_L,\ P_H)=(L,\ H)$。

结论 4.2 证明：

(1)当$\alpha\in\left(0,\ \frac{3-\sqrt{5}}{2}\right]$，$\frac{H}{L}\geqslant1$时

令 $\pi_{KIA}^{L} \geqslant \pi_{KIA}^{i}$，有 $1 \leqslant \frac{H}{L} \leqslant \frac{2-\alpha}{\alpha}$。所以，$\alpha \in \left(0, \frac{3-\sqrt{5}}{2}\right]$，$1 \leqslant \frac{H}{L} \leqslant \frac{2-\alpha}{\alpha}$ 时，$\pi_{KIA}^{L} \geqslant \pi_{KIA}^{i}$；$\frac{H}{L} \geqslant \frac{2-\alpha}{\alpha}$ 时，$\pi_{KIA}^{L} \leqslant \pi_{KIA}^{i}$。

令 $\pi_{KIA}^{M} \geqslant \pi_{KIA}^{L}$ 有 $\frac{H}{L} \geqslant \frac{2+2\alpha-2\alpha^2}{2\alpha-\alpha^2}$，$\frac{2+2\alpha-2\alpha^2}{2\alpha-\alpha^2} > 1$ 在 $\alpha \in \left(0, \frac{3-\sqrt{5}}{2}\right]$ 上，所以，$\alpha \in \left(0, \frac{3-\sqrt{5}}{2}\right]$，$1 \leqslant \frac{H}{L} \leqslant \frac{2+2\alpha-2\alpha^2}{2\alpha-\alpha^2}$ 时，$\pi_{KIA}^{L} \geqslant \pi_{KIA}^{i}$；$\frac{H}{L} \geqslant \frac{2+2\alpha-2\alpha^2}{2\alpha-\alpha^2}$ 时，$\pi_{KIA}^{M} \geqslant \pi_{KIA}^{L}$。

当 $\alpha \in \left(0, \frac{3-\sqrt{5}}{2}\right)$ 时有 $\frac{H}{L} \geqslant \frac{2\alpha^2-4\alpha+1}{\alpha^2-3\alpha+1} < 1$；$\alpha = \frac{3-\sqrt{5}}{2}$ 时，$4\alpha - 2\alpha^2 - 1 > 0$。所以，$\alpha \in \left(0, \frac{3-\sqrt{5}}{2}\right]$，$\frac{H}{L} \geqslant 1$ 时，$\pi_{KIA}^{M} \geqslant \pi_{KIA}^{i}$。

又 $\alpha \in \left(0, \frac{3-\sqrt{5}}{2}\right]$ 时，$\frac{2+2\alpha-2\alpha^2}{2\alpha-\alpha^2} - \frac{2-\alpha}{\alpha} = \frac{-3\alpha^2+6\alpha-2}{\alpha(2-\alpha)} \leqslant 0$

因此有，$\alpha \in \left(0, \frac{3-\sqrt{5}}{2}\right]$，$\frac{H}{L} \geqslant \frac{2+2\alpha-2\alpha^2}{2\alpha-\alpha^2}$ 时，π_{KIA}^{M} 占优；$1 \leqslant \frac{H}{L} \leqslant \frac{2+2\alpha-2\alpha^2}{2\alpha-\alpha^2}$ 时，π_{KIA}^{L} 占优。

(2)当 $\alpha \in \left(\frac{3-\sqrt{5}}{2}, \frac{1}{2}\right]$，$1 \leqslant \frac{H}{L} \leqslant \frac{3\alpha-2\alpha^2}{3\alpha-\alpha^2-1}$ 时

令 $\pi_{KIA}^{L} \geqslant \pi_{KIA}^{i}$ 有 $1 \leqslant \frac{H}{L} \leqslant \frac{2-\alpha}{\alpha}$，又因为 $\alpha \in \left(\frac{3-\sqrt{5}}{2}, \frac{1}{2}\right]$ 时，$\frac{2-\alpha}{\alpha} \leqslant \frac{3\alpha-2\alpha^2}{3\alpha-\alpha^2-1}$。所以 $\alpha \in \left(\frac{3-\sqrt{5}}{2}, \frac{1}{2}\right]$，$1 \leqslant \frac{H}{L} \leqslant \frac{2-\alpha}{\alpha}$ 时，$\pi_{KIA}^{L} \geqslant \pi_{KIA}^{i}$；$\frac{2-\alpha}{\alpha} \leqslant \frac{H}{L} \leqslant \frac{3\alpha-2\alpha^2}{3\alpha-\alpha^2-1}$ 时，$\pi_{KIA}^{i} \geqslant \pi_{KIA}^{L}$。

令 $\pi_{KIA}^{M} \geqslant \pi_{KIA}^{L}$，有 $\frac{H}{L} \geqslant \frac{2+2\alpha-2\alpha^2}{2\alpha-\alpha^2}$，$\frac{2+2\alpha-2\alpha^2}{2\alpha-\alpha^2} > 1$ 在 $\alpha \in \left(\frac{3-\sqrt{5}}{2}, \frac{1}{2}\right]$ 上。$\frac{2+2\alpha-2\alpha^2}{2\alpha-\alpha^2} - \frac{3\alpha-2\alpha^2}{3\alpha-\alpha^2-1} = \frac{-\alpha^3+4\alpha-2}{(2\alpha-\alpha^2)(3\alpha-\alpha^2-1)}$，

$-\alpha^3+4\alpha-2<0$ 在 $\alpha\in\left(\frac{3-\sqrt{5}}{2},\ \frac{1}{2}\right]$ 上。所以 $\alpha\in\left(\frac{3-\sqrt{5}}{2},\ \frac{1}{2}\right]$ 时，$\frac{2+2\alpha-2\alpha^2}{2\alpha-\alpha^2}\leqslant\frac{H}{L}\leqslant\frac{3\alpha-2\alpha^2}{3\alpha-\alpha^2-1}$，$\pi_{\text{KIA}}^{M}\geqslant\pi_{\text{KIA}}^{L}$；$1\leqslant\frac{H}{L}\leqslant\frac{2+2\alpha-2\alpha^2}{2\alpha-\alpha^2}$，$\pi_{\text{KIA}}^{L}\geqslant\pi_{\text{KIA}}^{M}$。由以上分析可知结论 2 成立。

结论 4.3 的证明：

由于企业会通过产品价格以及质量的设置使得 H 型消费者始终选择 H 型产品，L 型消费者始终选择 L 型产品。

①当 $1\leqslant\frac{H}{L}\leqslant\frac{1}{\alpha}$ 时，企业提供的两类产品分别为 $(Q_H,\ P_H)=\left(H,\ \frac{H^2+L^2-(1+\alpha)HL}{1-\alpha}\right)$，$(Q_L,\ P_L)=\left(\frac{L-\alpha H}{1-\alpha},\ \frac{L^2-\alpha HL}{1-\alpha}\right)$，此时企业的期望利润为 $\Omega_{\text{KIA}}^{\text{MH}}=\frac{L^2-2\alpha HL+\alpha H^2}{1-\alpha}$；

②当 $\frac{H}{L}\geqslant\frac{1}{\alpha}$ 时，企业提供的两类产品分别为 $(Q_H,\ P_H)=(H,\ H^2)$，$(Q_L,\ P_L)=(0,\ 0)$，此时企业的期望利润为 $\Omega_{\text{KIA}}^{\text{MH}}=\alpha H^2$。

结论 4.4 的证明：

(1) $1\leqslant\frac{H}{L}\leqslant\frac{1}{\alpha}$ 时

传统模式：$Q_H^T=HQ_L^T=\frac{L-\alpha H}{1-\alpha}$；KIA 众筹模式：$Q_H^M=H$，$Q_L^M=0$

$\Delta Q^T=Q_H^T-Q_L^T=\frac{H-L}{1-\alpha}$　$\Delta Q_{\text{KIA}}^M=Q_H^M-Q_L^M=H$

(2) $\frac{H}{L}\geqslant\frac{1}{\alpha}$ 时，传统模式：$Q_H^T=H$，$Q_L^T=0$；KIA 众筹模式：$Q_H^M=H$，$Q_L^M=0$

结论 4.5 的证明：

$$\pi_{\text{KIA}}^H=0,\ \pi_{\text{KIA}}^L=L^2,\ \pi_{\text{KIA}}^i=\frac{\alpha}{2}(H^2+L^2),\ \pi_{\text{KIA}}^M=\alpha H^2$$

由此可知，$\pi_{\text{KIA}}^M>\pi_{\text{KIA}}^i>\pi_{\text{KIA}}^H$。

当 $\frac{H}{L}\geqslant\sqrt{\frac{1}{\alpha}}$，$\pi_{\text{KIA}}^M-\pi_{\text{KIA}}^L=\alpha H^2-L^2\geqslant0$，因此，

①$1 \leqslant \frac{H}{L} \leqslant \sqrt{\frac{1}{\alpha}}$ 时，π_{KIA}^{L} 占优，企业会选择单一低价格策略；

②$\frac{H}{L} \geqslant \sqrt{\frac{1}{\alpha}}$ 时，π_{KIA}^{M} 占优，企业会选择菜单价格策略。

结论 5.1 的证明：

1. 顺序发布机制，两种菜单价格策略的利润分析：

①当 B_1 接收 H 信号，始终选择投高价格 P_H^M，此时

$$P_H^M \leqslant \lambda^H(\lambda) \tag{1.1}$$

$$P_L^M \leqslant \lambda^L(\lambda) \tag{1.2}$$

$$P_r(S_H/\lambda) * [\lambda^H(\lambda) - P_L^M] \leqslant \lambda^H(\lambda) - P_H^M \tag{1.3}$$

$$\pi_{\mathrm{seq}}^{\mathrm{M1}} = P_r(S_H/\lambda) * P_r(S_L/\lambda) * [P_H^M + P_L^M] + P_r(S_H/\lambda)[P_H^M + P_L^M] \tag{1.4}$$

由式(1.3)有 $P_H^M \leqslant \lambda^H(\lambda) - P_r(S_H/\lambda)[\lambda^H(\lambda) - P_L^M]$，结合上述(1.1)和(1.2)根据企业利润最大化原则，可知企业低价格设置为：$P_L^M = \lambda^L(\lambda)$，高价格设置为 $P_H^M = \lambda^H(\lambda) - P_r(S_H/\lambda)[\lambda^H(\lambda) - \lambda^L(\lambda)]$。

又因为：

$$\lambda^H(\lambda) = \frac{\lambda q}{\lambda q + (1-\lambda)(1-q)} \tag{1.5}$$

$$\lambda^L(\lambda) = \frac{\lambda(1-q)}{\lambda(1-q) + (1-\lambda)q} \tag{1.6}$$

将(1.4)和(1.5)代入，可知，低价格为：$P_L^M = \frac{\lambda(1-q)}{\lambda(1-q) + (1-\lambda)q}$，高价格为：$P_H^M = \frac{\lambda^3(2q-1)^2 - 2\lambda^2(2q-1)^2 + \lambda(1-3q+3q^2)}{[\lambda q + (1-\lambda)(1-q)][\lambda(1-q) + (1-\lambda)q]}$，此时，企业的期望利润为：

$$\pi_{\mathrm{seq}}^{\mathrm{M1}} = \frac{-\lambda^4(2q-1)^3 + \lambda^3(2q-1)^2(6q-2) + \lambda^2(2q-1)(-9q^2+3q+1) + \lambda(4q^3-q^2-3q+2)}{\lambda(1-q) + (1-\lambda)q}$$

②当 B_1 接收 H 信号，始终选择投高价格 P_L^M，此时

$$P_H^M \leqslant \lambda^H(\lambda) \tag{1.7}$$

$$P_L^M \leqslant \lambda^L(\lambda) \tag{1.8}$$

$$P_r(S_H/\lambda) * [\lambda^H(\lambda) - P_L^M] \geqslant \lambda^H(\lambda) - P_H^M \tag{1.9}$$

$$\pi_{\mathrm{seq}}^{\mathrm{M2}} = P_r(S_H/\lambda) * [P_H^M + P_L^M] \tag{1.10}$$

结合(1.6)(1.7)(1.8)可知，企业低价格设置为：$P_L^M = \lambda^L(\lambda)$，高价格设置为

$P_H^M=\lambda^H(\lambda)$，将(1.4)和(1.5)代入可得，$P_L^M=\dfrac{\lambda(1-q)}{\lambda(1-q)+(1-\lambda)q}$，$P_H^M=\dfrac{\lambda q}{\lambda q+(1-\lambda)(1-q)}$，企业利润为：$\pi_{\text{seq}}^{\text{M2}}=\dfrac{-\lambda^2(2q-1)^2+\lambda(1-2q+2q^2)}{\lambda(1-q)+(1-\lambda)q}$。

2. 两种菜单价格策略的利润比较

由于两种菜单价格策略的利润分别为：

$$\pi_{\text{seq}}^{\text{M2}}=\frac{-\lambda^2(2q-1)^2+\lambda(1-2q+2q^2)}{\lambda(1-q)+(1-\lambda)q},$$

$$\pi_{\text{seq}}^{\text{M1}}=\frac{-\lambda^4(2q-1)^3+\lambda^3(2q-1)^2(6q-2)+\lambda^2(2q-1)(-9q^2+3q+1)+\lambda(4q^3-q^2-3q+2)}{\lambda(1-q)+(1-\lambda)q}。$$

笔者将第一种策略下的利润减去第二种策略下的利润，发现利润差 $\pi_{\text{seq}}^{\text{M1}}-\pi_{\text{seq}}^{\text{M2}}$ 为 $\dfrac{-\lambda^4(2q-1)^3+\lambda^3(2q-1)^2(6q-2)+\lambda^2(2q-1)(-9q^2+5q)+\lambda(4q^3-3q^2-3q+1)}{\lambda(1-q)+(1-\lambda)q}$。

通过对 $\pi_{\text{seq}}^{\text{M1}}-\pi_{\text{seq}}^{\text{M2}}$ 函数分析，可知分母 $\lambda(1-q)+(1-\lambda)q>0$ 恒成立，因此仅需判断分子与 0 之间的关系，笔者使用 Matlab 工具对分子进行数值模拟，结果显示：

①当消费者的先验认知 λ 较大且信号的准确度 q 比较高时，$\pi_{\text{seq}}^{\text{M1}}>\pi_{\text{seq}}^{\text{M2}}$；

②当信号的准确度 q 偏低，或 λ 比较低且 q 比较高时，$\pi_{\text{seq}}^{\text{M2}}>\pi_{\text{seq}}^{\text{M1}}$

结论 5.2 的证明：

1. 顺序发布机制下，四种价格策略的利润计算：

①单一高价格策略

$$P^H\leqslant\lambda^H(\lambda)\tag{2.1}$$

$$P^H>\lambda^L(\lambda)\tag{2.2}$$

$$\pi_{\text{seq}}^H=P_r{}^2(S_H/\lambda)*2P^H\tag{2.3}$$

结合(2.1)、(2.2)、(2.3)，根据企业利润最大化原则，可知 $P^H=\lambda^H(\lambda)$，因此 $P^H=\dfrac{\lambda q}{\lambda q+(1-\lambda)(1-q)}$，企业利润为 $\pi_{\text{seq}}^H=2\lambda q*[\lambda q+(1-\lambda)(1-q)]$。

②单一低价格策略

$$P^L\leqslant\lambda^H(\lambda)\tag{2.4}$$

$$P^L\leqslant\lambda^L(\lambda)\tag{2.5}$$

$$\pi_{\text{seq}}^L=2P^L\tag{2.6}$$

结合(2.4)、(2.5)、(2.6)，根据企业利润最大化原则，可知 $P^L=$

$\lambda^{L}(\lambda)$，因此 $P^{L}=\dfrac{\lambda(1-q)}{\lambda(1-q)+(1-\lambda)q}$，企业利润为 $\pi_{\text{seq}}^{L}=\dfrac{2\lambda(1-q)}{\lambda(1-q)+(1-\lambda)q}$。

③动态价格策略

$$\lambda^{L}(\lambda)<P_{H}^{D}\leqslant\lambda^{H}(\lambda)\tag{2.7}$$

$$P_{L}^{D}\leqslant\lambda\tag{2.8}$$

$$\pi_{\text{seq}}^{D}=P_{r}(S_{H}/\lambda)*[P_{H}^{D}+P_{L}^{D}]\tag{2.9}$$

结合(2.7)、(2.8)、(2.9)，根据企业利润最大化原则，可知两阶段价格分别设置为：$P_{H}^{D}=\lambda^{H}(\lambda)$，$P_{L}^{D}=\lambda$，由此可得，$P_{H}^{D}=\dfrac{\lambda q}{\lambda q+(1-\lambda)(1-q)}$，$P_{L}^{D}=\lambda$，此时，企业的期望利润为 $\pi_{\text{seq}}^{D}=\lambda^{2}(2q-1)+\lambda$。

④菜单价格策略

由结论 1 推导，当 B_1 接收 H 信号，选择投高价格 P_{H}^{M}，此时企业利润为：$\pi_{\text{seq}}^{\text{M1}}=\dfrac{-\lambda^{4}(2q-1)^{3}+\lambda^{3}(2q-1)^{2}(6q-2)+\lambda^{2}(2q-1)(-9q^{2}+3q+1)+\lambda(4q^{3}-q^{2}-3q+2)}{\lambda(1-q)+(1-\lambda)q}$。

当 B_1 接收 H 信号，选择投低价格 P_{L}^{M}，利润为 $\pi_{\text{seq}}^{\text{M2}}=\dfrac{-\lambda^{2}(2q-1)^{2}+\lambda(1-2q+2q^{2})}{\lambda(1-q)+(1-\lambda)q}$。

2. 顺序发布机制下，企业期望利润的比较

四种价格策略下，企业形成五种期望利润，其中 $\pi_{\text{seq}}^{D}\geqslant\pi_{\text{seq}}^{H}$，$\pi_{\text{seq}}^{D}\geqslant\pi_{\text{seq}}^{\text{M1}}$ 恒成立，因此仅需比较 π_{seq}^{L}、π_{seq}^{D}、$\pi_{\text{seq}}^{\text{M1}}$ 三者的利润大小。

(1)动态价格策略与单一低价格策略的利润比较：$\pi_{\text{seq}}^{D}-\pi_{\text{seq}}^{L}$。

前面分析已知：$\pi_{\text{seq}}^{D}=\lambda^{2}(2q-1)+\lambda$，$\pi_{\text{seq}}^{L}=\dfrac{2\lambda(1-q)}{\lambda(1-q)+(1-\lambda)q}$，利润相减可得 $\pi_{\text{seq}}^{D}-\pi_{\text{seq}}^{L}=\dfrac{\lambda[-(2q-1)^{2}\lambda^{2}+(2q-1)(q-1)\lambda+3q-2]}{\lambda(1-q)+(1-\lambda)q}$。

对函数 $\pi_{\text{seq}}^{D}-\pi_{\text{seq}}^{L}$ 分析发现：

①当 $q\in\left(\dfrac{1}{2},\dfrac{2}{3}\right]$，$\lambda\in(0,1)$，或 $q\in\left(\dfrac{2}{3},1\right)$，$\dfrac{\sqrt{q^{2}+10q-7}-(1-q)}{4q-2}<\lambda<1$ 的范围上，$\pi_{\text{seq}}^{L}\geqslant\pi_{\text{seq}}^{D}$，$\pi_{\text{seq}}^{L}$ 占优；

②当 $q\in\left(\dfrac{2}{3},1\right)$，$0<\lambda<\dfrac{\sqrt{q^{2}+10q-7}-(1-q)}{4q-2}$ 时，$\pi_{\text{seq}}^{D}>\pi_{\text{seq}}^{L}$，

π_{seq}^{D} 占优。

(2)菜单价格策略与单一低价格策略的利润比较：$\pi_{seq}^{M1}-\pi_{seq}^{L}$。

$$\pi_{seq}^{M1}-\pi_{seq}^{L}=\frac{-\lambda^4(2q-1)^3+\lambda^3(2q-1)^2(6q-2)}{\lambda(1-q)+(1-\lambda)q}+\frac{\lambda^2(2q-1)(-9q^2+3q+1)+\lambda(4q^3-q^2-q)}{\lambda(1-q)+(1-\lambda)q} \tag{2.10}$$

对于函数 $\pi_{seq}^{M1}-\pi_{seq}^{L}$，其分子恒大于0，因此仅需判断分子与0之间的关系，笔者使用 Matlab 工具对分子进行数值模拟，结果显示：

①当先验认知 λ 极度高或信号准确度 q 很低时，$\pi_{seq}^{L}>\pi_{seq}^{M1}$，$\pi_{seq}^{L}$ 占优。

②当先验认知 λ 非极度高且信号的准确度 q 偏高时，$\pi_{seq}^{M1}>\pi_{seq}^{L}$，$\pi_{seq}^{M1}$ 占优

(3)菜单价格策略与动态价格策略的利润比较：$\pi_{seq}^{M1}-\pi_{seq}^{D}$

$$\pi_{seq}^{M1}-\pi_{seq}^{D}=\frac{-\lambda^4(2q-1)^3+\lambda^3(2q-1)^2(6q-1)}{\lambda(1-q)+(1-\lambda)q}+\frac{\lambda^2(2q-1)(-9q^2+2q+2)+\lambda(4q^3-q^2-4q+2)}{\lambda(1-q)+(1-\lambda)q} \tag{2.11}$$

对于函数 $\pi_{seq}^{M1}-\pi_{seq}^{D}$，其分子恒大于0，因此仅需判断分子与0之间的关系，笔者使用 Matlab 工具对分子进行数值模拟，结果显示：

①当信号准确度 q 很低时，$\pi_{seq}^{M1}>\pi_{seq}^{D}$，$\pi_{seq}^{M1}$ 占优；

②当信号准确度 q 较高时，$\pi_{seq}^{D}>\pi_{seq}^{M1}$，$\pi_{seq}^{D}$ 占优。

(4)通过对上述三个结果的整理，笔者得出顺序发布下，企业最优价格策略为：

①当 $q\in\left(\frac{1}{2},\frac{2}{3}\right)$，$\lambda\in(0,1)$，或 $q\in\left(\frac{2}{3},1\right)$，$\frac{\sqrt{q^2+10q-7}-(1-q)}{4q-2}<\lambda<1$ 时，单一低价格策略占优；价格设置和企业期望利润分别为：

$$P^{L}=\frac{\lambda(1-q)}{\lambda(1-q)+(1-\lambda)q} \tag{2.12}$$

$$\pi_{seq}^{L}=\frac{2\lambda(1-q)}{\lambda(1-q)+(1-\lambda)q} \tag{2.13}$$

②当 $q\in\left(\frac{2}{3},\ 1\right)$，$0<\lambda<\frac{\sqrt{q^2+10q-7}-(1-q)}{4q-2}$ 时，动态价格策略占优，价格设置和企业期望利润分别为：

$$(P_{H}^{D},\ P_{L}^{D})=\left(\frac{\lambda q}{\lambda q+(1-\lambda)(1-q)},\ \lambda\right) \tag{2.14}$$

$$\pi_{\text{seq}}^{D} = \lambda^2(2q-1)+\lambda \tag{2.15}$$

结论 6.1 的证明：

1. 同时发布机制下，四种价格策略的利润计算

①单一高价格策略

$$P^H \leqslant \lambda^H(\lambda) \tag{3.1}$$

$$P^H > \lambda^L(\lambda) \tag{3.2}$$

$$\pi_{\text{sim}}^{H} = P_r^2(S_H/\lambda) * 2P^H \tag{3.3}$$

结合(3.1)、(3.2)、(3.3)，根据企业利润最大化原则，可知 $P^H = \lambda^H(\lambda)$，因此 $P^H = \dfrac{\lambda q}{\lambda q+(1-\lambda)(1-q)}$，企业利润为 $\pi_{\text{sim}}^{H} = 2\lambda q * [\lambda q+(1-\lambda)(1-q)]$。

②单一低价格策略

$$P^L \leqslant \lambda^H(\lambda) \tag{3.4}$$

$$P^L \leqslant \lambda^L(\lambda) \tag{3.5}$$

$$\pi_{\text{sim}}^{L} = 2P^L \tag{3.6}$$

结合(2.4)、(2.5)、(2.6)，根据企业利润最大化原则，可知 $P^L = \lambda^L(\lambda)$，因此 $P^L = \dfrac{\lambda(1-q)}{\lambda(1-q)+(1-\lambda)q}$，企业利润为 $\pi_{\text{sim}}^{L} = \dfrac{2\lambda(1-q)}{\lambda(1-q)+(1-\lambda)q}$。

③动态价格策略

$$\lambda^L(\lambda) < P_H^D \leqslant \lambda^H(\lambda) \tag{3.7}$$

$$P_L^D \leqslant \lambda^L(\lambda) \tag{3.8}$$

$$\pi_{\text{sim}}^{D} = P_r(S_H/\lambda) * [P_H^D + P_L^D] \tag{3.9}$$

结合(2.7)、(2.8)、(2.9)，根据企业利润最大化原则，可知两阶段价格分别设置为：$P_H^D = \lambda^H(\lambda)$ $P_L^D = \lambda^L(\lambda)$，因此，高价格为 $P_H^D = \dfrac{\lambda q}{\lambda q+(1-\lambda)(1-q)}$，低价格为 $P_L^D = \dfrac{\lambda(1-q)}{\lambda(1-q)+(1-\lambda)q}$，代入利润计算公式，此时，企业的期望利润为 $\pi_{\text{sim}}^{D} = \dfrac{-\lambda^2(2q-1)^2+\lambda(1-2q+2q^2)}{\lambda(1-q)+(1-\lambda)q}$。

④菜单价格策略

$$P_H^M \leqslant \lambda^H(\lambda) \tag{3.10}$$

$$P_r(S_H/\lambda) * [\lambda^H(\lambda) - P_L^M] \leqslant \lambda^H(\lambda) - P_H^M \tag{3.11}$$

$$\pi_{\text{sim}}^{M} = P_r{}^2(S_H/\lambda) * 2P_H^M + 2P_r(S_H/\lambda) * P_r(S_L/\lambda)[P_H^M + P_L^M] \tag{3.12}$$

结合企业利润最大化原则，由此可知低价格为：$P_L^M=\dfrac{\lambda(1-q)}{\lambda(1-q)+(1-\lambda)q}$，高价格为：$P_H^M=\dfrac{\lambda^3(2q-1)^2-2\lambda^2(2q-1)^2+\lambda(1-3q+3q^2)}{[\lambda q+(1-\lambda)(1-q)][\lambda(1-q)+(1-\lambda)q]}$，此时，企业的期望利润为：$\pi_{\text{sim}}^M=\dfrac{2[\lambda^3(2q-1)^2q-\lambda^2(2q-1)^2(q+1)+\lambda(q^3+q^2-2q+1)]}{\lambda(1-q)+(1-\lambda)q}$。

2. 同时发布机制下，企业期望利润的比较：

四种价格策略下，企业形成四种期望利润，分别一一比较大小。

(1)单一高价格策略与单一低价格策略的利润比较：$\pi_{\text{sim}}^H-\pi_{\text{sim}}^L$。

前面分析已知：$\pi_{\text{sim}}^H=2\lambda q*[\lambda q+(1-\lambda)(1-q)]$，$\pi_{\text{sim}}^L=\dfrac{2\lambda(1-q)}{\lambda(1-q)+(1-\lambda)q}$，利润相减可得 $\pi_{\text{sim}}^H-\pi_{\text{sim}}^L=\dfrac{2\lambda[-q(2q-1)^2\lambda^2+q(2q-1)^2\lambda+(1-q)(q^2-1)]}{\lambda(1-q)+(1-\lambda)q}$。

对函数 $\pi_{\text{sim}}^H-\pi_{\text{sim}}^L$ 分析发现：

①当 $q\in\left(\dfrac{1}{2},\dfrac{4}{5}\right]$，$\lambda\in(0,1)$，或 $q\in\left(\dfrac{4}{5},1\right)$，$\dfrac{1}{2}+\dfrac{\sqrt{q(5q-4)}}{2q(2q-1)}<\lambda<1$，或 $q\in\left(\dfrac{4}{5},1\right)$，$0<\lambda<\dfrac{1}{2}-\dfrac{\sqrt{q(5q-4)}}{2q(2q-1)}$ 时，$\pi_{\text{sim}}^L\geqslant\pi_{\text{sim}}^H$，$\pi_{\text{sim}}^L$ 占优；

②当 $q\in\left(\dfrac{4}{5},1\right)$，$\dfrac{1}{2}-\dfrac{\sqrt{q(5q-4)}}{2q(2q-1)}<\lambda<\dfrac{1}{2}+\dfrac{\sqrt{q(5q-4)}}{2q(2q-1)}$ 时，$\pi_{\text{sim}}^H>\pi_{\text{sim}}^L$，$\pi_{\text{sim}}^H$ 占优。

(2)单一低价格策略与动态价格策略的利润比较：$\pi_{\text{sim}}^L-\pi_{\text{sim}}^D$。

分析已知，$\pi_{\text{sim}}^L=\dfrac{2\lambda(1-q)}{\lambda(1-q)+(1-\lambda)q}$，$\pi_{\text{sim}}^D=\dfrac{-\lambda^2(2q-1)^2+\lambda(1-2q+2q^2)}{\lambda(1-q)+(1-\lambda)q}$，利润相减可得 $\pi_{\text{sim}}^L-\pi_{\text{sim}}^D=\dfrac{\lambda[(2q-1)^2\lambda+(1-2q^2)]}{\lambda(1-q)+(1-\lambda)q}$。

对函数 $\pi_{\text{sim}}^L-\pi_{\text{sim}}^D$ 分析发现：

①当 $q\in\left(\dfrac{1}{2},\dfrac{\sqrt{2}}{2}\right]$，$\lambda\in(0,1)$，或 $q\in\left(\dfrac{\sqrt{2}}{2},1\right)$，$\dfrac{2q^2-1}{(2q-1)^2}<\lambda<1$，$\pi_{\text{sim}}^L\geqslant\pi_{\text{sim}}^D$，$\pi_{\text{sim}}^L$ 占优；

②当 $q\in\left(\dfrac{\sqrt{2}}{2},1\right)$，$0<\lambda<\dfrac{2q^2-1}{(2q-1)^2}$，$\pi_{\text{sim}}^D>\pi_{\text{sim}}^L$，$\pi_{\text{sim}}^D$ 占优。

(3)单一高价格策略与动态价格策略的利润比较：$\pi_{\text{sim}}^{H}-\pi_{\text{sim}}^{D}$。

已知$\pi_{\text{sim}}^{H}=2\lambda q*[\lambda q+(1-\lambda)(1-q)]$，$\pi_{\text{sim}}^{D}=\dfrac{-\lambda^2(2q-1)^2+\lambda(1-2q+2q^2)}{\lambda(1-q)+(1-\lambda)q}$，利润相减可得$\pi_{\text{sim}}^{H}-\pi_{\text{sim}}^{D}=\dfrac{\lambda[-2q(2q-1)^2\lambda^2+(2q+1)(2q-1)^2\lambda+(-2q^3+2q-1)]}{\lambda(1-q)+(1-\lambda)q}$。

对函数 $\pi_{\text{sim}}^{H}-\pi_{\text{sim}}^{D}$ 分析发现：

①当 $q\in\left(\dfrac{1}{2},\dfrac{2+\sqrt{2}}{4}\right]$，$\lambda\in(0,1)$，或 $q\in\left(\dfrac{2+\sqrt{2}}{4},1\right)$，$\dfrac{4q^2-1+\sqrt{8q^2-8q+1}}{4q(2q-1)}<\lambda<1$，或 $q\in\left(\dfrac{2+\sqrt{2}}{4},1\right)$，$0<\lambda<\dfrac{4q^2-1-\sqrt{8q^2-8q+1}}{4q(2q-1)}$时，$\pi_{\text{sim}}^{D}\geqslant\pi_{\text{sim}}^{H}$，$\pi_{\text{sim}}^{D}$ 占优。

② 当 $q\in\left(\dfrac{2+\sqrt{2}}{4},1\right)$，$\dfrac{4q^2-1-\sqrt{8q^2-8q+1}}{4q(2q-1)}<\lambda<\dfrac{4q^2-1+\sqrt{8q^2-8q+1}}{4q(2q-1)}$时，$\pi_{\text{sim}}^{H}>\pi_{\text{sim}}^{D}$，$\pi_{\text{sim}}^{H}$ 占优。

(4)菜单价格策略与单一高价格策略的利润比较：$\pi_{\text{sim}}^{M}-\pi_{\text{sim}}^{H}$。

分析已知，$\pi_{\text{sim}}^{M}=\dfrac{2[\lambda^3(2q-1)^2q-\lambda^2(2q-1)^2(q+1)+\lambda(q^3+q^2-2q+1)]}{\lambda(1-q)+(1-\lambda)q}$，$\pi_{\text{sim}}^{H}=2\lambda q*[\lambda q+(1-\lambda)(1-q)]$，将两种价格策略下的企业期望利润进行相减，可得$\pi_{\text{sim}}^{M}-\pi_{\text{sim}}^{H}=\dfrac{2\lambda[2q(2q-1)^2\lambda^2-(2q+1)(2q-1)^2\lambda+(2q^3-2q+1)]}{\lambda(1-q)+(1-\lambda)q}$。

对函数 $\pi_{\text{sim}}^{M}-\pi_{\text{sim}}^{H}$ 分析发现：

①当 $q\in\left(\dfrac{1}{2},\dfrac{2+\sqrt{2}}{4}\right]$，$\lambda\in(0,1)$ 或 $q\in\left(\dfrac{2+\sqrt{2}}{4},1\right)$，$\dfrac{4q^2-1+\sqrt{8q^2-8q+1}}{4q(2q-1)}<\lambda<1$ 或 $q\in\left(\dfrac{2+\sqrt{2}}{4},1\right)$，$0<\lambda<\dfrac{4q^2-1-\sqrt{8q^2-8q+1}}{4q(2q-1)}$时，$\pi_{\text{sim}}^{M}\geqslant\pi_{\text{sim}}^{H}$，$\pi_{\text{sim}}^{M}$ 占优。

②当$q\in\left(\dfrac{2+\sqrt{2}}{4},1\right)$，$\dfrac{4q^2-1-\sqrt{8q^2-8q+1}}{4q(2q-1)}<\lambda<\dfrac{4q^2-1+\sqrt{8q^2-8q+1}}{4q(2q-1)}$时，

$\pi^{H}_{sim} > \pi^{M}_{sim}$，$\pi^{H}_{sim}$ 占优。

(5)菜单价格策略与单一低价格策略的利润比较：$\pi^{M}_{sim} - \pi^{L}_{sim}$。

分析已知，$\pi^{M}_{sim} = \dfrac{2[\lambda^3(2q-1)^2q - \lambda^2(2q-1)^2(q+1) + \lambda(q^3+q^2-2q+1)]}{\lambda(1-q)+(1-\lambda)q}$，$\pi^{L}_{sim} = \dfrac{2\lambda(1-q)}{\lambda(1-q)+(1-\lambda)q}$，将两种价格策略下的企业期望利润进行相减，可得 $\pi^{M}_{sim} - \pi^{L}_{sim} = \dfrac{2\lambda[q(2q-1)^2\lambda^2 - (q+1)(2q-1)^2\lambda + (q^3+q^2-q)]}{\lambda(1-q)+(1-\lambda)q}$。

对函数 $\pi^{M}_{sim} - \pi^{L}_{sim}$ 分析发现：

①当 $q \in \left(\dfrac{1}{2}, \dfrac{\sqrt{5}-1}{2}\right]$，$\lambda \in (0, 1)$，或 $q \in \left(\dfrac{\sqrt{5}-1}{2}, 1\right)$，$\dfrac{q^2+q-1}{2q^2-q} < \lambda < 1$ 时，$\pi^{L}_{sim} \geqslant \pi^{M}_{sim}$，$\pi^{L}_{sim}$ 占优。

②当 $q \in \left(\dfrac{\sqrt{5}-1}{2}, 1\right)$，$0 < \lambda < \dfrac{q^2+q-1}{2q^2-q}$ 时，$\pi^{M}_{sim} > \pi^{L}_{sim}$，$\pi^{M}_{sim}$ 占优。

(6)菜单价格策略与动态价格策略的利润比较：$\pi^{M}_{sim} - \pi^{D}_{sim}$。

分析已知，$\pi^{M}_{sim} = \dfrac{2[\lambda^3(2q-1)^2q - \lambda^2(2q-1)^2(q+1) + \lambda(q^3+q^2-2q+1)]}{\lambda(1-q)+(1-\lambda)q}$，$\pi^{D}_{sim} = \dfrac{-\lambda^2(2q-1)^2 + \lambda(1-2q+2q^2)}{\lambda(1-q)+(1-\lambda)q}$，将两种价格策略下的企业期望利润相减，可得 $\pi^{M}_{sim} - \pi^{D}_{sim} = \dfrac{\lambda[2q(2q-1)^2\lambda^2 - (2q+1)(2q-1)^2\lambda + (2q^3-2q+1)]}{\lambda(1-q)+(1-\lambda)q}$。

对函数 $\pi^{M}_{sim} - \pi^{D}_{sim}$ 分析发现：

①当 $q \in \left(\dfrac{1}{2}, \dfrac{2+\sqrt{2}}{4}\right]$，$\lambda \in (0,1)$，或 $q \in \left(\dfrac{2+\sqrt{2}}{4}, 1\right)$，$\dfrac{4q^2-1+\sqrt{8q^2-8q+1}}{4q(2q-1)} < \lambda < 1$，或 $q \in \left(\dfrac{2+\sqrt{2}}{4}, 1\right)$，$0 < \lambda < \dfrac{4q^2-1-\sqrt{8q^2-8q+1}}{4q(2q-1)}$ 时，$\pi^{M}_{sim} \geqslant \pi^{D}_{sim}$，$\pi^{M}_{sim}$ 占优。

②当 $q \in \left(\dfrac{2+\sqrt{2}}{4}, 1\right)$，$\dfrac{4q^2-1-\sqrt{8q^2-8q+1}}{4q(2q-1)} < \lambda < \dfrac{4q^2-1+\sqrt{8q^2-8q+1}}{4q(2q-1)}$ 时，$\pi^{D}_{sim} > \pi^{M}_{sim}$，$\pi^{D}_{sim}$ 占优。

(7)通过对上述六个结果的整理，笔者得出顺序发布下，企业最优价格策略为：

①当$q \in \left(\frac{1}{2}, \frac{\sqrt{5}-1}{2}\right]$，$\lambda \in (0, 1)$，或$q \in \left(\frac{\sqrt{5}-1}{2}, 1\right)$，$1 > \lambda > \frac{q^2+q-1}{2q^2-q}$时，同时发布机制下，企业选择单一低价格策略更优。此时，价格设置和期望利润为：

$$P^L = \frac{\lambda(1-q)}{\lambda(1-q)+(1-\lambda)q} \tag{3.13}$$

$$\pi_{\text{sim}}^L = \frac{2\lambda(1-q)}{\lambda(1-q)+(1-\lambda)q} \tag{3.14}$$

②当$q \in \left[\frac{\sqrt{5}-1}{2}, \frac{2+\sqrt{2}}{4}\right]$，$\lambda < \frac{q^2+q-1}{2q^2-q}$；$q \in \left(\frac{2+\sqrt{2}}{4}, 1\right)$，$\frac{4q^2-1+\sqrt{8q^2-8q+1}}{4q(2q-1)} < \lambda < \frac{q^2+q-1}{2q^2-q}$，或$q \in \left(\frac{2+\sqrt{2}}{4}, 1\right)$，$0 < \lambda < \frac{4q^2-1-\sqrt{8q^2-8q+1}}{4q(2q-1)}$时，同时发布机制下，企业选择菜单价格策略更优。此时，价格设置和期望利润为：

$$(P_L^M, P_H^M) = \left(\frac{\lambda(1-q)}{\lambda(1-q)+(1-\lambda)q}, \frac{\lambda^3(2q-1)^2-2\lambda^2(2q-1)^2+\lambda(1-3q+3q^2)}{[\lambda q+(1-\lambda)(1-q)][\lambda(1-q)+(1-\lambda)q]}\right) \tag{3.15}$$

$$\pi_{\text{sim}}^M = 2*\left[\frac{\lambda^3(2q-1)^2 q-\lambda^2(2q-1)^2(q+1)+\lambda(q^3+q^2-2q+1)}{\lambda(1-q)+(1-\lambda)q}\right] \tag{3.16}$$

③当$q \in \left[\frac{2+\sqrt{2}}{4}, 1\right)$，$\frac{4q^2-1-\sqrt{8q^2-8q+1}}{4q(2q-1)} < \lambda < \frac{4q^2-1+\sqrt{8q^2-8q+1}}{4q(2q-1)}$时，同时发布机制下，企业选择单一高价格策略更优。此时，价格策略和期望利润为：

$$P^H = \frac{\lambda q}{\lambda q+(1-\lambda)(1-q)} \tag{3.17}$$

$$\pi_{\text{sim}}^H = 2\lambda q*[\lambda q+(1-\lambda)(1-q)] \tag{3.18}$$

结论 6.2 的证明：

(1)单一高价格策略

分析已知，顺序发布利润为：$\pi_{\text{seq}}^H = 2\lambda q*[\lambda q+(1-\lambda)(1-q)]$；同时

发布利润为：$\pi_{seq}^{H}=2\lambda q*[\lambda q+(1-\lambda)(1-q)]$，显然，$\pi_{seq}^{H}=\pi_{sim}^{H}$，因此，企业选择单一高价格策略时，顺序发布和同时发布两种信息机制无区别。

(2)单一低价格策略

分析已知，顺序发布利润为：$\pi_{seq}^{L}=\dfrac{2\lambda(1-q)}{\lambda(1-q)+(1-\lambda)q}$；同时发布利润为：$\pi_{sim}^{L}=\dfrac{2\lambda(1-q)}{\lambda(1-q)+(1-\lambda)q}$，显然，$\pi_{seq}^{L}=\pi_{sim}^{L}$，因此企业选择单一高价格策略时，顺序发布和同时发布两种信息机制无区别。

(3)动态价格策略

分析已知，顺序发布利润为：$\pi_{seq}^{D}=\lambda^{2}(2q-1)+\lambda$；同时发布利润为：$\pi_{sim}^{D}=\dfrac{-\lambda^{2}(2q-1)^{2}+\lambda(1-2q+2q^{2})}{\lambda(1-q)+(1-\lambda)q}$，经过计算得出 $\pi_{seq}^{D}>\pi_{sim}^{D}$，因此企业选择动态价格策略时，顺序发布机制占优。

(4)菜单价格策略

顺序发布利润：当 B_1 接收 H 信号，选择投高价格 P_{H}^{M}，此时企业利润为：$\pi_{seq}^{M1}=\dfrac{-\lambda^{4}(2q-1)^{3}+\lambda^{3}(2q-1)^{2}(6q-2)+\lambda^{2}(2q-1)(-9q^{2}+3q+1)+\lambda(4q^{3}-q^{2}-3q+2)}{\lambda(1-q)+(1-\lambda)q}$ 当 B_1 接收 H 信号，选择投低价格 P_{L}^{M}，利润为 $\pi_{seq}^{M2}=\dfrac{-\lambda^{2}(2q-1)^{2}+\lambda(1-2q+2q^{2})}{\lambda(1-q)+(1-\lambda)q}$

同时发布利润为：$\pi_{sim}^{M}=\dfrac{2[\lambda^{3}(2q-1)^{2}q-\lambda^{2}(2q-1)^{2}(q+1)+\lambda(q^{3}+q^{2}-2q+1)]}{\lambda(1-q)+(1-\lambda)q}$

首先，$\pi_{seq}^{M1}\leqslant\pi_{sim}^{M}$ 恒成立，仅需比较 π_{seq}^{M2} 和 π_{sim}^{M} 的大小，对于 $\pi_{seq}^{M2}-\pi_{sim}^{M}$，经计算可知：

①$q\in\left[\dfrac{2+\sqrt{2}}{4},1\right)$，$\dfrac{4q^{2}-1-\sqrt{8q^{2}-8q+1}}{4q(2q-1)}<\lambda<\dfrac{4q^{2}-1+\sqrt{8q^{2}-8q+1}}{4q(2q-1)}$ 时，$\pi_{seq}^{M2}\geqslant\pi_{sim}^{M}$，企业选择顺序发布机制更优；

②$q\in\left(\dfrac{1}{2},\dfrac{2+\sqrt{2}}{4}\right]$，$\lambda\in(0,1)$，或 $q\in\left(\dfrac{2+\sqrt{2}}{4},1\right)$，$\dfrac{4q^{2}-1+\sqrt{8q^{2}-8q+1}}{4q(2q-1)}<\lambda<1$，或 $0<\lambda<\dfrac{4q^{2}-1-\sqrt{8q^{2}-8q+1}}{4q(2q-1)}$ 时，$\pi_{seq}^{M2}<\pi_{sim}^{M}$，企业选择同时发布机制更优。

结论 6.3 的证明：

顺序发布机制下，最优利润为：π_{seq}^{L} 和 π_{seq}^{D}；同时发布机制下，最优利润

为 π_{sim}^{H}、π_{sim}^{L} 和 π_{sim}^{M}。对这五个利润进行比较，显然，$\pi_{\text{seq}}^{D} > \pi_{\text{sim}}^{H}$，$\pi_{\text{seq}}^{L} = \pi_{\text{sim}}^{L}$，因此仅需比较 π^{L}、π_{seq}^{D}、π_{sim}^{M} 三者的大小。

(1)比较 π^{L} 和 π_{seq}^{D}

前面分析已知：$\pi_{\text{seq}}^{D} = \lambda^{2}(2q-1)+\lambda$，$\pi^{L} = \dfrac{2\lambda(1-q)}{\lambda(1-q)+(1-\lambda)q}$，利润相减可得 $\pi_{\text{seq}}^{D} - \pi^{L} = \dfrac{\lambda[-(2q-1)^{2}\lambda^{2}+(2q-1)(q-1)\lambda+3q-2]}{\lambda(1-q)+(1-\lambda)q}$。

对函数 $\pi_{\text{seq}}^{D} - \pi^{L}$ 分析发现：

①当 $q \in \left(\dfrac{1}{2},\dfrac{2}{3}\right]$，$\lambda \in (0,1)$，或 $q \in \left(\dfrac{2}{3},1\right)$，$\dfrac{\sqrt{q^{2}+10q-7}-(1-q)}{4q-2} < \lambda < 1$ 的范围上，$\pi^{L} \geqslant \pi_{\text{seq}}^{D}$，$\pi^{L}$ 占优；

②当 $q \in \left(\dfrac{2}{3},1\right)$，$0 < \lambda < \dfrac{\sqrt{q^{2}+10q-7}-(1-q)}{4q-2}$ 时，$\pi_{\text{seq}}^{D} > \pi^{L}$，$\pi_{\text{seq}}^{D}$ 占优。

(2)比较 π^{L} 和 π_{sim}^{M}

分析已知，$\pi_{\text{sim}}^{M} = \dfrac{2[\lambda^{3}(2q-1)^{2}q-\lambda^{2}(2q-1)^{2}(q+1)+\lambda(q^{3}+q^{2}-2q+1)]}{\lambda(1-q)+(1-\lambda)q}$，$\pi^{L} = \dfrac{2\lambda(1-q)}{\lambda(1-q)+(1-\lambda)q}$，将两种价格策略下的企业期望利润进行相减，可得 $\pi_{\text{sim}}^{M} - \pi^{L} = \dfrac{2\lambda[q(2q-1)^{2}\lambda^{2}-(q+1)(2q-1)^{2}\lambda+(q^{3}+q^{2}-q)]}{\lambda(1-q)+(1-\lambda)q}$。

对函数 $\pi_{\text{sim}}^{M} - \pi^{L}$ 分析发现：

①当 $q \in \left(\dfrac{1}{2},\dfrac{\sqrt{5}-1}{2}\right]$，$\lambda \in (0,1)$，或 $q \in \left(\dfrac{\sqrt{5}-1}{2},1\right)$，$\dfrac{q^{2}+q-1}{2q^{2}-q} < \lambda < 1$ 时，$\pi^{L} \geqslant \pi_{\text{sim}}^{M}$，$\pi^{L}$ 占优。

②当 $q \in \left(\dfrac{\sqrt{5}-1}{2},1\right)$，$0 < \lambda < \dfrac{q^{2}+q-1}{2q^{2}-q}$ 时，$\pi_{\text{sim}}^{M} > \pi^{L}$，$\pi_{\text{sim}}^{M}$ 占优。

(3)比较 π_{seq}^{D} 和 π_{sim}^{M}

分析已知，$\pi_{\text{sim}}^{M} = \dfrac{2[\lambda^{3}(2q-1)^{2}q-\lambda^{2}(2q-1)^{2}(q+1)+\lambda(q^{3}+q^{2}-2q+1)]}{\lambda(1-q)+(1-\lambda)q}$，$\pi_{\text{seq}}^{D} = \lambda^{2}(2q-1)+\lambda$，将两种价格策略下的企业期望利润进行相减，可得

$$\pi_{seq}^{D}-\pi_{sim}^{M}=\frac{-\lambda^{3}(2q-1)^{2}(1+2q)+\lambda^{2}(2q-1)(4q^{2}+3q-3)+\lambda(-2q^{3}-2q^{2}+5q-2)}{\lambda(1-q)+(1-\lambda)q}$$

对函数 $\pi_{seq}^{D}-\pi_{sim}^{M}$ 分析发现：

①$q\in\left(\frac{7+4\sqrt{2}}{17},1\right)$，$\frac{(3-4q^{2}-3q)+\sqrt{17q^{2}-14q+1}}{2-8q^{2}}<\lambda<\frac{(3-4q^{2}-3q)-\sqrt{17q^{2}-14q+1}}{2-8q^{2}}$时，$\pi_{seq}^{D}>\pi_{sim}^{M}$，顺序发布机制更为占优，此时选择动态价格策略；

②当 $q\in\left(\frac{1}{2},\frac{7+4\sqrt{2}}{17}\right]$，$\lambda\in(0,1)$，或 $q\in\left(\frac{7+4\sqrt{2}}{17},1\right)$，$\frac{(3-4q^{2}-3q)-\sqrt{17q^{2}-14q+1}}{2-8q^{2}}<\lambda<1$，或$q\in\left(\frac{7+4\sqrt{2}}{17},1\right)$，$0<\lambda<\frac{(3-4q^{2}-3q)+\sqrt{17q^{2}-14q+1}}{2-8q^{2}}$时，$\pi_{seq}^{D}<\pi_{sim}^{M}$，同时发布机制更为占优，此时企业选择菜单价格策略。

(4)对上述结果整理发现：

①当 $q\in\left(\frac{1}{2},\frac{\sqrt{5}-1}{2}\right]$，$\lambda\in(0,1)$，或 $q\in\left(\frac{\sqrt{5}-1}{2},1\right)$，$\lambda>\frac{q^{2}+q-1}{2q^{2}-q}$时，顺序发布机制和同时发布两种信息机制两者都占优。此时企业选择单一低价格策略，价格设置和期望利润为：

$$P^{L}=\frac{\lambda(1-q)}{\lambda(1-q)+(1-\lambda)q}\tag{5.1}$$

$$\pi^{L}=\frac{2\lambda(1-q)}{\lambda(1-q)+(1-\lambda)q}\tag{5.2}$$

②当$q\in\left(\frac{\sqrt{5}-1}{2},\frac{7+4\sqrt{2}}{17}\right]$，$0<\lambda<\frac{q^{2}+q-1}{2q^{2}-q}$，或$q\in\left(\frac{7+4\sqrt{2}}{17},1\right)$，$\frac{(3-4q^{2}-3q)-\sqrt{17q^{2}-14q+1}}{2-8q^{2}}<\lambda<\frac{q^{2}+q-1}{2q^{2}-q}$以及$q\in\left(\frac{7+4\sqrt{2}}{17},1\right)$，$0<\lambda<\frac{(3-4q^{2}-3q)+\sqrt{17q^{2}-14q+1}}{2-8q^{2}}$时，同时发布机制更为占优，此时企业选择菜单价格策略，价格设置和期望利润为：

$$(P_L^M,\ P_H^M) =$$

$$\left(\frac{\lambda(1-q)}{\lambda(1-q)+(1-\lambda)q},\ \frac{\lambda^3(2q-1)^2-2\lambda^2(2q-1)^2+\lambda(1-3q+3q^2)}{[\lambda q+(1-\lambda)(1-q)][\lambda(1-q)+(1-\lambda)q]}\right) \tag{5.3}$$

$$\pi^M = \frac{2*[\lambda^3(2q-1)^2-\lambda^2(2q-1)^2(q+1)+\lambda(1-2q+q^2+q^3)]}{\lambda(1-q)+(1-\lambda)q} \tag{5.4}$$

③ $q \in \left(\frac{7+4\sqrt{2}}{17},\ 1\right)$，$\frac{(3-4q^2-3q)+\sqrt{17q^2-14q+1}}{2-8q^2} < \lambda < \frac{(3-4q^2-3q)-\sqrt{17q^2-14q+1}}{2-8q^2}$时，顺序发布机制更为占优，此时选择动态价格策略，价格设置和期望利润为：

$$(P_1^D,\ P_2^D) = \left(\frac{\lambda q}{\lambda q+(1-\lambda)(1-q)},\ \lambda\right) \tag{5.5}$$

$$\pi^D = \lambda^2(2q-1)+\lambda \tag{5.6}$$